A ORAÇÃO DA VITÓRIA

A ORAÇÃO DA VITÓRIA

BETH MOORE

Livre-se dos obstáculos que impedem sua felicidade

Traduzido por OMAR DE SOUZA

Andressa Alves Lucena de Brito
Fone: (83)99857595

MC

Editora Mundo Cristão
São Paulo

Publicado originalmente por Broadman & Holman Publishers,
Nashville, EUA

Editora responsável: Silvia Justino
Assistente editorial: Miriam de Assis
Preparação: Omar de Souza
Revisão: Tereza Gouveia
Supervisão de produção: Lilian Melo
Colaboração: Pâmela Moura
Capa: Douglas Lucas
Imagem: Edyta Pawlowska

Os textos das referências bíblicas foram extraídos da *Almeida Revista e Atualizada* (ARA) da Sociedade Bíblica Brasileira, salvo indicação específica.

Dados Internacionais de Catalogação na Publicação (CIP)
(Câmara Brasileira do Livro, SP, Brasil)

Moore, Beth

A oração da vitória: livre-se dos obstáculos que impedem sua felicidade / Beth Moore; traduzido por Omar de Souza. — São Paulo: Mundo Cristão, 2008.

Título original: Praying God's Word.
Bibliografia
ISBN 978-85-7325-510-2

1. Bíblia — Uso devocional 2. Guerra espiritual 3. Oração — Cristianismo 4. Vida cristã I. Título.

07-10231 CDD —248.32

Índices para catálogo sistemático:
1. Libertação pela oração: Cristianismo 248.32
2. Oração da vitória: Cristianismo 248.32
Categoria: Espiritualidade/Oração

Publicado no Brasil com todos os direitos reservados pela:
Editora Mundo Cristão
Rua Antônio Carlos Tacconi, 79, São Paulo, SP, Brasil, CEP 04810-020
Telefone: (11) 2127-4147
Home page: www.mundocristao.com.br

1ª edição: março de 2008

Sumário

Dedicatória

A Dale e Cheryl McCleskey, companheiros na luta pela liberdade de todos os prisioneiros de guerra: obrigado por manter o ardor tão perto das linhas de frente da batalha desta geração. Que o fogo do inimigo possa apenas servir para lançar mais luz, revelando a gloriosa face de Jesus Cristo. Um dia em sua presença compensa mil dias no campo de batalha. Com amor e grande admiração,

Beth e Keith

Agradecimento

Tenho uma dívida de amor com aqueles que me permitiram compartilhar seus conceitos e testemunhos a respeito da graça e do poder de Deus, contidos neste livro. Joy Conaway, Alison Shanklin, Jeanine Dooley, Danice Berger, Kim Bankard, Dale McCleskey, Vickie Arruda, Susan Kirby, Carole Lewis e meus amigos do *First Place*. Para mim, vocês todos são heróis.

Introdução

Enquanto eu viver, acho que jamais conseguirei compreender o motivo pelo qual Deus me concedeu a extraordinária alegria de servi-lo por meio de um ministério de tempo integral. O Senhor sabe que não sou digna dessa honra. Minha vida inteira tem sido resultado da misericórdia divina. Sinto-me cada vez mais fascinada por ter recebido a salvação e por descobrir o privilégio incomparável de conhecer e amar a Deus.

Há muito tempo, fui obrigada a aceitar o fato de que nada poderia fazer para retribuir a graça abundante do Senhor, pois, se pudesse, então a graça seria anulada. Em vez disso, o que eu podia fazer era derramar minha vida no altar de Deus e empreender todos os esforços para "[prosseguir e] conquistar aquilo para o que também fui conquistado por Cristo Jesus" (Fp 3:12).

Em outras palavras, cumprir minha vocação — o chamado que Deus dirigiu especificamente a mim, que é conhecê-lo, amá-lo e servi-lo. Acredito que tenha sido para esse propósito que o Senhor chamou você também.

Por razões igualmente incompreensíveis para mim, e que somente o Pai celestial conhece, ele me vocacionou para o *ensino*.

Acho que pode ter sido pelo fato de eu ainda ter tanto a *aprender*. Até hoje tenho. Para falar a verdade, quanto mais aprendo, mais percebo que nada sei... mas tenho muita sede de conhecer cada vez mais.

Por várias vezes me perguntaram como pode um cristão ou uma cristã saber se Deus deu a ele ou ela o dom do ensino. Acredito que já deparei com, pelo menos, uma possibilidade: se determinada pessoa se sente impelida a transmitir às outras praticamente tudo o que aprendeu com Deus, então ela tem tudo para ser bem-sucedida no ministério do ensino.

Amigos meus que possuem outros tipos de dons espirituais podem aprender coisas a respeito de Deus sem que isso gere a necessidade premente de compartilhar esses conhecimentos com todas as pessoas que conhecem. Não é meu caso! Na mesma hora em que recebo algum tipo de discernimento espiritual ou aprendo qualquer coisa sobre a aplicação prática das Escrituras na vida, minha vontade é a de convocar o mundo inteiro para uma conferência.

Talvez seja importante mencionar que nem todo mundo a quem falo demonstra interesse pelo que tenho a dizer. A vantagem de ter uma personalidade sanguínea é que a paixão pelo que faço me impede de enxergar a rejeição! Não me agrada nem um pouco guardar nenhum tesouro espiritual que tenha acabado de descobrir. Por menor que seja o conhecimento que acabo de adquirir, quero compartilhá-lo com todas as pessoas. Quando Deus deseja me contar um segredo, ele já sabe, por antecipação, que vou contar para todo mundo! De maneira geral, esse é o *trato* que temos.

Para derrubar fortalezas

Por várias vezes, os preceitos que considero de maior urgência para serem ensinados correspondem às lições que aprendi da maneira mais dura. De algum modo, mantenho a esperança de que alguém além de mim possa aprender a partir de meus erros, e não precise repeti-los.

Ah, meu amigo e minha amiga, vocês não têm idéia de quantas coisas já aprendi da maneira mais difícil! Fui instruída no poder e na Palavra de Deus durante minhas jornadas pela estrada do fracasso, da fraqueza e da escravidão do passado. Este livro é resultado desse meu desejo tão intenso de compartilhar um dos conceitos mais eficazes para a vida liberta em Cristo que Deus já me ensinou: *orar de acordo com as Escrituras para derrubar as fortalezas*.

Na verdade, só descobri que essa abordagem era parte vital de minha libertação bem depois de começar a colocá-la em prática. De repente, percebi que não era simples acidente o fato de eu estar finalmente liberta de determinados tipos de escravidão que por muito tempo me impediram de experimentar uma vida abundante, plena e cheia do Espírito Santo.

Depois de ver fracassar todas as minhas fórmulas, ainda em minha busca desesperada por libertação, lancei-me totalmente nas mãos do Senhor. Em sua fidelidade, ele me orientou a adotar uma série de práticas deliberadas que sabia serem eficazes. De fato, foi uma coisa impressionante. Só que ele também sabia que tinha me dado uma boca para contar o que fez por mim!

O segredo para se libertar das fortalezas pode ser encontrado em 2Coríntios 10:3-5, o que não é nenhuma surpresa. Leia cada palavra com muita atenção:

> Porque, embora andando na carne, não militamos segundo a carne. Porque as armas da nossa milícia não são carnais, e sim poderosas em Deus, para destruir fortalezas, anulando nós sofismas e toda altivez que se levante contra o conhecimento de Deus, e levando cativo todo pensamento à obediência de Cristo.

Vamos estabelecer alguns princípios básicos para que o propósito deste livro possa ficar bem claro.

O que é uma fortaleza?

Sob inspiração do Espírito Santo, o apóstolo Paulo fez um excelente trabalho quando deu essa explicação no texto de 2Coríntios 10:5. Basicamente, uma fortaleza constitui qualquer argumentação ou pretensão "que se levante contra o conhecimento de Deus". O texto usado na versão *Almeida Revista e Atualizada* fornece uma imagem bem nítida do que seria uma fortaleza: "toda altivez que se levante contra o conhecimento de Deus".

Uma fortaleza é qualquer coisa que exalta a si mesma em nossa mente, sugerindo ser maior ou mais poderosa do que nosso Senhor. Com isso, ela desvia boa parte de nossa concentração e nos debilita. Ficamos sem poder. Somos controlados. A fortaleza pode ser um vício, a incapacidade de perdoar uma pessoa que nos causou algum mal ou o desespero diante de uma grande perda pessoal.

Seja como for, é algo que consome de tal maneira nossa energia emocional e mental que a vida abundante é sufocada. Não somos capazes de cumprir nosso chamado, e a vida espiritual torna-se estéril. Nem é preciso dizer que esses são precisamente os alvos dos ataques do inimigo.

Qual é o campo de batalha?

Em toda campanha empreendida pelo inimigo contra o cristão, o principal campo de batalha é a *mente*. Já o objetivo de nosso esforço de guerra, como declara 2Coríntios 10:5, é levar cativo todo pensamento à obediência de Cristo. O alvo principal do inimigo é a mente porque a maneira mais eficaz de induzir o comportamento é influenciando o modo de pensar.

A mente é o centro de controle de todo o nosso ser. O inimigo sabe muito melhor que nós como Deus é maior e mais poderoso do que qualquer coisa que se imagine. É por esse motivo que todas as coisas que se exaltam em nossa mente constituem o que a Bíblia chama de "altivez".

Satanás é um enganador. A única coisa que ele pode fazer é fingir, pois perdeu todo e qualquer direito de exercer autoridade sobre a vida dos que crêem quando Cristo, "despojando os principados e as potestades, publicamente os expôs ao desprezo, triunfando deles na cruz" (Cl 2:15). Infelizmente, Satanás é muito habilidoso no que faz, já que adquiriu muita experiência. Ele apresenta seus enganos e é muito eficiente quando precisa fingir para nos convencer.

Mas repita comigo: *nada é maior ou mais poderoso do que Deus!* Absolutamente nada! Nem mesmo o vício mais escravizante, ou a maior raiva do mundo. Um dos propósitos deste livro é ajudar você a combater e enfraquecer qualquer tipo de laço que prenda sua vida até que consiga, de fato, subjugá-lo e obrigá-lo a curvar os joelhos diante da autoridade de Cristo. Será que isso é possível? Pode ter certeza que é!

Quais são as armas?

Segundo a mesma passagem de 2Coríntios 10:3-5, dispomos de quatro informações fundamentais para que possamos identificar as armas a serem utilizadas nessa batalha:

1. Elas não são deste mundo.
2. Seu poder é divino.
3. Elas estão ligadas ao "conhecimento de Deus".
4. O propósito dessa guerra é levar cativos nossos pensamentos.

Em Efésios 6:10-18, Paulo apresenta uma lista dos elementos que compõem a armadura de Deus. Na realidade, apenas um dos componentes dessa armadura é uma arma de fato. Apresentados em sentido figurado, o cinto, o escudo, a couraça, os calçados e o capacete são todos elementos de defesa que fazem parte da armadura, e cujo objetivo é nos proteger do risco de sermos feridos pelas armas utilizadas pelo inimigo.

A espada do Espírito, claramente identificada como a Palavra de Deus, é a única arma de defesa apresentada na lista completa da armadura de Deus. Em 2Coríntios 10:4, a palavra é usada no plural, assegurando-nos de que dispomos de "armas" para enfrentar essa guerra. Qual seria essa outra arma principal?

Talvez seja necessário identificar as demais armas em outras partes das Escrituras, mas acredito que a descrição da outra arma *principal* da qual dispomos para entrar na batalha possa ser encontrada logo depois das palavras que identificam a espada do Espírito como sendo a Palavra de Deus, conforme vemos em Efésios 6:17. O versículo seguinte diz: "[...] orando em todo tempo no Espírito [...]". Estou absolutamente convencida de que as duas principais armas com poder divino para usarmos na guerra espiritual são a Palavra de Deus e a oração movida pelo Espírito Santo.

Essas duas armas possuem *poder divino*. A palavra grega original usada para "poder" é a forma adjetiva do termo *dunamai*, que significa "ser capaz". Trata-se do poder divino de *realizar* as coisas na prática.[1] É possível que a compreensão da força contida nesse termo grego seja ainda maior se levarmos em conta o fato de que a palavra "dinamite" é derivada da mesma raiz.

[1] Spiros ZODHIATES (ed.), *The Complete Word Study Dictionary: New Testament*, Iowa Falls, World Bible, 1992, verb. 1411, p. 485.

Acompanhe-me bem de perto nesse raciocínio, pois é muito importante: praticamente nada contra o que lutamos em nossa vida cristã pessoal é tão temível quanto uma fortaleza. A própria natureza do termo nos mostra que, seja o que for, é algo muito forte a nos oprimir. Fortalezas não podem ser varridas para longe com algum tipo de *vassoura* espiritual. Elas também não fogem se fizermos algum tipo de alvoroço para espantá-las. Não dá para ignorá-las até que desapareçam de fato.

As fortalezas só podem ser vencidas de um modo: *elas precisam ser destruídas*. Você já teve oportunidade de ver um prédio sendo demolido? Na Palavra de Deus, o termo "castelo" é o que mais equivale ao que se pode considerar uma antiga fortaleza, no sentido literal. Ambas eram construções fortificadas.

A maneira mais comum de demolir um *castelo* moderno é colocando dinamite na estrutura do prédio de maneira planejada e estratégica, e detonando-a em seguida. Imagine se a equipe de demolição aparecesse para derrubar o prédio munida apenas de pedaços de pau e pedras. Poderiam gritar com toda a força dos pulmões em volta da construção, atirar os paus e as pedras, mas tudo o que conseguiriam seria desmaiar de cansaço. O prédio continuaria bem ali, de pé. Ninguém seria capaz de colocar em dúvida o esforço dessa equipe. O problema é que ela simplesmente teria usado as ferramentas erradas. O que os trabalhadores precisavam para demolir o prédio era dinamite.

Você e eu conseguiremos o mesmo resultado dessa equipe de demolição que usou gritaria, paus e pedras, se tentarmos destruir as fortalezas com armas carnais como a simples determinação, a psicologia secular e a negação. Muitos de nós já gastamos uma energia inimaginável tentando, com todas as forças, derrubar essas fortalezas por conta própria. Mas elas não caíram, não é verdade?

Isso acontece porque essas fortalezas precisam ser demolidas. Deus colocou em nossas mãos duas bananas de dinamite, com as quais podemos destruir as fortalezas: a Palavra e a oração. O que pode ser mais poderoso do que usar duas bananas de dinamite em locais diferentes? É juntar as duas. Veja bem, *é exatamente esse o objetivo deste livro*: pegar nossas duas principais bananas de dinamite — a oração e a Palavra —, juntá-las e detoná-las com fé naquilo que Deus diz que ele é capaz de fazer. Aleluia! Fico entusiasmada só de pensar nisso!

O que faz dessas duas bananas de dinamite algo tão poderosamente eficaz quando as juntamos? Primeiro, vamos analisar a banana de dinamite da oração. A oração nos mantém em comunhão constante com Deus, o que constitui a grande meta de toda a nossa vida como cristãos. Sem sombra de dúvida, vidas sem oração são vidas sem poder, e vidas de oração são vidas cheias de poder.

No entanto, acredite se quiser, o objetivo definitivo que Deus estabeleceu para seus filhos não é o de obter poder, mas de ter intimidade pessoal com o Senhor. Sim, Deus deseja nos proporcionar a cura; porém, mais que qualquer outra coisa, ele quer que conheçamos bem aquele que tem o poder de curar. Sim, ele deseja que vivamos como pessoas nascidas de novo; contudo, mais que isso, ele quer que conheçamos aquele que é a ressurreição e a vida.

Por favor, permita que essa verdade penetre fundo em você: o desejo de Deus nunca é o de que a guerra espiritual seja o foco de nossa vida de fé. A maneira mais rápida de perder o equilíbrio na batalha é darmos mais ênfase a repreender o inimigo do que a nos relacionar com o Senhor. A principal fonte de força de que dispomos nessa luta é a santidade, a qual só pode ser alcançada por intermédio de um relacionamento íntimo com Deus.

Além disso, o Senhor, sem dúvida nenhuma, reforça a idéia de que a oração é uma das armas de nossa batalha porque seu objetivo maior é que mantenhamos uma ligação total com ele. Jamais teremos condições de vencer uma batalha espiritual sem oração, mas quando o calor da batalha esmorecer por algum tempo, o mais importante dos despojos será a conquista de uma intimidade muito maior com Deus. A oração não é um meio para alcançar um fim. Em vários sentidos, ela é um fim em si.

Assim, o que faz da Palavra uma banana de dinamite tão poderosa, capaz de demolir fortalezas? Dê uma olhada mais uma vez em 2Coríntios 10:3-5. Nesse processo de destruir fortalezas, nossos ojetivos são a anulação de toda altivez que se levante contra o conhecimento de Deus em nossa vida e levar cativo todo pensamento à obediência de Cristo.

O que as Escrituras querem dizer com "[...] levando cativo todo pensamento à obediência de Cristo [...]"? Aqui está o segredo que finalmente consegui discernir depois de muitos meses de estudos sobre esses versículos: levamos nossos pensamentos cativos, tornando-os obedientes a Cristo, *toda vez que optamos por pensar os mesmos pensamentos de Jesus a respeito de qualquer situação ou fortaleza, em vez de pensar os pensamentos de Satanás ou mesmo os nossos.*

Quais são os pensamentos de Cristo? A palavra de Deus a nós revelada. Finalmente descobri que o modo de fazer nossos pensamentos altivos e arrogantes se curvarem em obediência a Jesus Cristo é fazer uma escolha consciente pelos pensamentos do Salvador sobre qualquer questão, em vez de optar por meus ou por aqueles influenciados pelo inimigo.

Neste livro, compartilho com você, em detalhes, como comecei a pensar os pensamentos de Deus e, com isso, a subjugar as fortalezas em minha vida. Também apliquei a mesma abordagem a muitas outras fortalezas contra as quais não lutei diretamente. Em relação a dez fortalezas diferentes, consegui identificar várias passagens das Escrituras que sugerem o que Deus pensa a respeito de cada questão e as submeti a oração.

Ao orar de acordo com a Palavra, não apenas passei a desfrutar uma comunicação íntima com Deus, como minha mente também foi redisciplinada — ou renovada (Rm 12:2) — para pensar os pensamentos do Senhor a respeito de minha situação, e não os meus. No fim das contas, Deus reassume o lugar imenso e incontestável que lhe é devido em minha vida e meus pensamentos, e meus obstáculos são superados.

Essa maneira de abordar a questão tem funcionado de modo poderoso a cada vez que a coloco em prática. Ela exige fé, diligência e *tempo*, mas os efeitos são extremamente libertadores e eternos.

Já estou na expectativa para ouvir esta pergunta: "Beth, você usa as Escrituras todas as vezes em que ora?". A resposta é "não". Temos uma espécie de tendência a levar as coisas a extremos. Nós nos sentimos mais seguros em palavras como "sempre" e "nunca". Não oro *sempre* da mesma maneira, mas posso dizer, com toda a segurança: nunca encontrei, em toda a minha vida, um modo mais poderoso de destruir fortalezas do que orando de acordo com as Escrituras. Quando se trata de guerra espiritual, essa abordagem é, sem sombra de dúvida, aquela que coloco em prática com maior freqüência.

Tome nota de uma dica muito boa que procuro aplicar neste livro a cada vez que apresento uma oração baseada nas Escrituras: as palavras que precedem a referência bíblica que aparece entre parênteses são uma paráfrase dessa referência. Quaisquer palavras depois dos parênteses fazem parte de minha sugestão adicional de oração. Em seguida, você encontrará um trecho de oração extraído de um capítulo das Escrituras relacionado à vitória sobre a fortaleza da falta de fé:

> *Senhor*, teu Espírito afirma de maneira clara que, nos últimos tempos, alguns abandonarão a fé e seguirão espíritos enganadores e ensinos de demônios (1Tm 4:1). Por favor, ajuda-me a discernir todo tipo de ensino enganoso. Ajuda-me a nunca abandonar a fé para seguir uma mentira.

Além das orações baseadas nas Escrituras, incluí outras citações de encorajamento relacionadas a cada tópico dos capítulos. Se a citação não aparece com identificação, é porque ela é de minha autoria. Caso contrário, há uma referência ao autor da citação.

Por favor, ouça o que digo de coração neste momento, quando concluímos esta parte do livro: a última coisa que desejo fazer é tentar convencer as pessoas de que sou um exemplo a ser seguido. Lembre-se de que nosso objetivo aqui é aprender a impedir que qualquer coisa ou pessoa além de Cristo seja exaltada em nossa mente! Sou apenas uma companheira sua nessa jornada. Já cometi muitos erros e aprendi várias lições muito duras.

Por favor, entenda bem qual é minha intenção. Não pense que lhe estou sugerindo o uso de alguma fórmula que eu tenha inventado. Não se trata disso. De todo o meu coração, acredito que essa seja uma das maneiras de Deus tratar a questão. Este livro tem tudo a ver com o Senhor e com as armas divinas que ele nos deu para destruir as fortalezas. Se posso dizer que sou exemplo de alguma coisa, é de uma vida que aprendeu com os fracassos. *Vida abundante.* E sou prova viva de que Deus pode libertar *qualquer pessoa.*

Para tirar o melhor proveito de seu livro

Por favor, não confunda este livro com a filosofia da confissão positiva, do tipo "verbalize e reivindique".

Nosso propósito principal nestas páginas é o de desenvolver a mente de Cristo em todas as áreas em que há alguma ação espiritual que procura nos manter cativos. Por meio de cada uma das orações baseadas nas Escrituras, pedimos a Deus que ocupe nossas mentes com os pensamentos divinos, em vez dos nossos.

Se há uma coisa da qual você pode ter certeza absoluta é esta: a vontade do Senhor para sua vida, mais do que qualquer outra coisa, é a libertação total nas áreas em que algum tipo de escravidão se estabeleceu. Gálatas 5:1 afirma: "Para a liberdade foi que Cristo nos libertou. Permanecei, pois, firmes e não vos submetais, de novo, a jugo de escravidão". É possível que a vontade de Deus nem sempre seja que esses nossos corpos terrenos estejam plenamente saudáveis ou que seus filhos sejam materialmente prósperos, mas ele sempre deseja nos ver livres de qualquer tipo de fortaleza espiritual do mal. O Senhor nunca falha em cooperar conosco, desde que também possa contar com nossa cooperação.

Quando tentar destruir uma fortaleza específica, não ore apenas uma vez de acordo com a lista de passagens bíblicas indicada, a não ser que você passe pela experiência incomum de receber libertação imediata e tenha convicção de que não existe o risco de recaída.

Ore de acordo com as Escrituras com perseverança até que sinta uma liberdade consistente e duradoura. Mesmo depois de receber a libertação, é prudente fazer a oração baseada nos trechos bíblicos que Deus parece usar de modo mais poderoso em sua vida. Lembro-me bem de uma fortaleza específica que não exerce mais nenhum tipo de poder sobre mim há muitos anos, mas incluo em minhas orações certas verdades bíblicas com relativa regularidade a fim de me manter livre desse problema. Afinal, aquela fortaleza foi difícil de superar! Não tenho o menor interesse em voltar àquela escravidão até o fim de minha vida!

Seja uma pessoa sábia. Algumas fortalezas são mais ameaçadoras do que outras. Nunca ache que você está totalmente livre de voltar à escravidão, mas também evite viver sob a opressão de um medo desnecessário. Penso com freqüência nas palavras do apóstolo Paulo contidas em 2Coríntios 1:9-11 quando me lembro do cativeiro em que eu vivia e do qual Deus me libertou:

> Contudo, já em nós mesmos, tivemos a sentença de morte, para que não confiemos em nós, e sim no Deus que ressuscita os mortos; o qual *nos livrou e livrará* de tão grande morte; em quem temos esperado que *ainda continuará* a livrar-nos, ajudando-nos também vós, com as vossas orações a nosso favor, para que, por muitos, sejam dadas graças a nosso respeito, pelo benefício que nos foi concedido por meio de muitos [grifos da autora].

Deus tem todo o poder de que precisamos para nossa libertação, agora e no futuro, mas quando se trata de destruir fortalezes, ele também precisa de nossa cooperação em oração.

Se você gosta do conceito simbolizado pela união de duas bananas de dinamite (a oração e a Palavra de Deus) para destruir fortalezas, permita que essa prática se torne um estímulo para escrever suas orações baseadas nas Escrituras. Ao fim de cada capítulo, pegue uma folha de papel e continue a buscar na Bíblia passagens que ajudem a formular orações pessoais. Procure trechos das Escrituras que acredita refletirem a mente de Cristo no que diz respeito à fortaleza que você precisa combater, reescreva esses versículos em suas palavras e comece a fazer essa oração! Minha esperança é que você forme um hábito que será muito benéfico pela vida inteira.

Permita que esse conceito seja um complemento a quaisquer outros recursos por meio dos quais Deus o pode estar ensinando e orientando rumo à libertação.

Por exemplo, se o obstáculo que está à sua frente parece intransponível e o Senhor conduziu você a buscar aconselhamento sábio e sadio, não deixe de ouvir esses conselhos enquanto forem benéficos. Forme esse hábito e junte-o às outras práticas. Orar conforme as Escrituras não é o único recurso por meio do qual as fortalezas são derrubadas; o que fiz foi descobrir que está entre os mais eficientes.

Deus pode usar muitos fatores diferentes para promover sua liberdade, mas há algo em que acredito de todo o coração: a Palavra de Deus é o denominador comum e absoluto de todo tipo de libertação espiritual genuína. "E conhecereis a verdade, e a verdade vos libertará" (Jo 8:32); "Enviou-lhes a sua palavra, e os sarou" (Sl 107:20); "E andarei em liberdade, pois busquei os teus preceitos" (Sl 119:45, ARC).

Ao identificar e isolar um obstáculo que você deseja superar, não se esqueça de que ele pode envolver outras questões.

Em outras palavras, se você está orando para superar a fortaleza da incapacidade de perdoar ou da ira, é praticamente certo que a fortaleza do orgulho também esteja envolvida no problema. Peça a Deus que lhe dê discernimento a respeito de áreas coincidentes que podem estar obstruindo o caminho de sua libertação e da vida abundante em Cristo. Em relação a essas áreas, ore também com a mente de Cristo.

Pense na possibilidade de usar este guia de oração como uma medida preventiva, mas também como uma medida prescritiva.

Por exemplo, se você deparar com uma situação que, de uma hora para outra, enche seu coração de temor, não fique parado, esperando que Satanás a transforme numa fortaleza espiritual. Ore sobre a questão bem antes que ela se torne um problema mais sério, capaz de sufocar a vida abundante. Se acontecer de, um dia ou outro, você se sentir deprimido ou deprimida, ore por algum tempo com base no capítulo deste livro relacionado à depressão. Acredito que, assim, você sentirá o Espírito da Verdade ministrando sobre sua vida.

Não é necessário passar pelo cativeiro de uma dessas fortalezas para orar de acordo com as Escrituras! Pelo contrário: é possível que essas orações ajudem a nos livrar de vários tipos de escravidão. Não importa se você enfrenta algum tipo de fortaleza ou passa por uma luta momentânea — creio que encontrará graça e misericórdia no momento de maior necessidade.

Use este livro como e quando desejar!

Pense na possibilidade de incluí-lo como parte do material que usa diariamente nos períodos de oração e lance mão dele toda vez que quiser dispor de um guia extra para orientar a oração. Consulte muitos capítulos e ore de acordo com várias passagens da Escritura — se possível, faça-o em voz alta. As Escrituras ajudarão você a desenvolver a mente de Cristo em todas as áreas, não importa se você esteja ou não tentando derrubar uma fortaleza neste momento.

Enquanto preparava este livro, ficava surpresa e feliz ao receber bênçãos sem medida conforme escrevia capítulos nos quais tratava de fortalezas que nunca haviam sido alvos de minhas lutas pessoais. Um de meus colaboradores, responsável pelo processamento das informações, fez esta observação: "Descobri que a pessoa não precisa necessariamente passar por problemas em determinadas áreas da vida para ser abençoada ao orar sobre aquela questão com base nas Escrituras!".

Compartilhei vários capítulos com as pessoas de minha classe da escola dominical durante o período em que me preparava. Todos rimos muito quando notamos que algumas pessoas do grupo haviam sido libertadas de fortalezas que nem sequer as prendiam! Louvado seja Deus!

Ore de acordo com passagens bíblicas adequadas no momento de interceder por alguém que você saiba estar enfrentando uma luta para alcançar libertação.

No entanto, tenha bastante cuidado! O inimigo é muito astuto. Às vezes ele conspira, e com sucesso, com o objetivo de nos manter em escravidão, e o faz atraindo nossa atenção sobre as fortalezas que afligem outras pessoas, em vez daquelas que nos prendem. Temos uma espécie de tendência a olhar o cisco no olho dos outros tendo uma trave alojada dentro do nosso.

Tenho convicção de que, via de regra, as fortalezas costumam ser destruídas quando Deus age junto com aquele que está em cativeiro espiritual. Como lemos em 2Coríntios 1:10-11, é possível *ajudar* as pessoas com nossas orações, mas não podemos fazer o que compete apenas a elas. Podemos e devemos orar para que o inimigo seja detido e os olhos das pessoas sejam abertos e, assim, possam enxergar a verdade, mas a libertação raramente acontece com alguém que não se envolve, por conta própria, de maneira íntima com o Senhor.

Veja bem, Deus está muito mais interessado em que conheçamos nosso Libertador que em nossa libertação propriamente dita. Lembre-se de que a libertação ocorre quando levamos nossos pensamentos cativos a Cristo. Não podemos levar cativos os pensamentos dos outros. Essa é a mais pessoal de todas as partes que compõem um indivíduo. Podemos até exercer alguma *influência* sobre os pensamentos de algumas pessoas, mas Deus é o único que tem *acesso direto* à mente delas. Como diz Salmos 139:2, Deus entende cada um de nossos pensamentos de longe.

Ao concluir esta parte do livro, peço que me permita dizer uma coisa: vou vibrar se Deus puder usar estas páginas de *qualquer* maneira possível para potencializar sua caminhada com ele. Espero que você se sinta como se esta obra fosse de *sua* autoria. Permita ao Senhor tornar o texto uma experiência completamente pessoal, assim como ele fez comigo. As verdades de cada livro que Deus me concedeu escrever foram gravadas de modo profundo em meu coração. Sinto, contudo, que esta obra será a primeira, das que o Senhor me permitiu elaborar, que manterei comigo para usar o tempo todo. Qual é o motivo? Porque tem muito mais da Palavra de Deus do que palavras minhas. E temos uma garantia por escrito da parte dele.

> Assim será a palavra que sair da minha boca: não voltará para mim vazia, mas fará o que me apraz e prosperará naquilo para que a designei. Saireis com alegria e em paz sereis guiados; os montes e os outeiros romperão em cânticos diante de vós, e todas as árvores do campo baterão palmas.
>
> Isaías 55:11-12

Quatro perguntas comuns relacionadas às fortalezas

Só os não-crentes têm problemas com as fortalezas espirituais?

Claro que não! O livro de Gálatas, primeiro tratado do Novo Testamento sobre a questão da libertação, foi dirigido aos *crentes* na Galácia. Ele afirma: "Para a liberdade foi que Cristo nos libertou. Permanecei, pois, firmes e não vos submetais, de novo, a jugo de escravidão" (5:1). Da mesma maneira, o texto de 2Coríntios 10:3-5, que trata da destruição de fortalezas, foi escrito aos que crêem.

A Palavra de Deus é muito prática. O Senhor nunca trata de questões irrelevantes. Se um crente não corresse o risco de voltar a se colocar sob o jugo da servidão, Deus não teria nos alertado sobre a possibilidade de isso acontecer. Se nunca tivéssemos de lidar com alguma fortaleza, o Senhor nunca precisaria nos ensinar como fazê-lo.

É interessante notar que a grande maioria das passagens bíblicas que tratam das questões de escravidão e liberdade diz respeito ao próprio povo de Deus. Sem sombra de dúvida, todas as pessoas que nunca aceitaram Cristo como Salvador estão sob o cativeiro do inimigo. Este livro, porém, é dirigido principalmente ao crente.

Tomando por base minha compreensão das Escrituras, posso dizer que qualquer coisa que rouba, mata ou destrói a vida abundante e frutífera de um cristão pode ser considerada uma fortaleza do inimigo. Deus usou minha batalha pessoal contra as fortalezas, combinada com anos de viagens e palestras, para abrir meus olhos de modo que eu pudesse ver o número cada vez maior de crentes que vivem em derrota constante. Sim, cristãos podem ser escravos de fortalezas espirituais!

Por que essa questão das fortalezas espirituais virou moda de um dia para o outro?

Acredito que a principal resposta a essa pergunta esteja relacionada ao momento em que vive nossa geração, segundo o calendário do reino de Deus. A Palavra do Senhor nos ensina, de maneira bem clara, que a atividade e a influência de Satanás aumentarão de modo dramático conforme o dia da volta de Cristo se aproximar.

Apocalipse 12:12 diz o seguinte sobre Satanás: "[...] o diabo desceu até vós, cheio de grande cólera, sabendo que pouco tempo lhe resta". Essa passagem bíblica aparece num contexto de crentes em sua guerra contra o inimigo, que é chamado de "o acusador de nossos irmãos". Em outras palavras, as Escrituras dão a entender que boa parte da fúria de Satanás será direcionada especificamente aos cristãos, enquanto o relógio se aproxima da hora da volta de Cristo.

Por favor, compreenda a situação: Satanás conhece a Palavra de Deus melhor do que nós. Sabe quais são os sinais que anunciam a volta do Senhor Jesus. Está ciente de cada detalhe que caracterizou as últimas gerações. Vê como 2Timóteo 3:1-5 está se cumprindo em nossa época com um discernimento maior que o nosso. Satanás está trabalhando o tempo todo. Por essa razão, assim como o calor da fornalha ardente de Nabucodonosor, o Diabo está alimentando o fogo na tentativa de consumir todos os Sadraques, Mesaques e Abede-Negos de nossos dias. Como afirma Louie Giglio, um amigo meu e servo de Jesus Cristo, "estamos exatamente na direção da mira das armas de Satanás".[2]

Diante disso, como devemos proceder? Sair correndo, apavorados? Não, Deus nos proíbe de fazer isso! Vestimos toda a armadura de Deus, assumimos posição de batalha e lutamos o bom combate. Satanás já foi derrotado. A maior parte do poder do qual ele ainda se vale nada mais é do que resultado de

[2] Extraído de um sermão na Primeira Igreja Batista de Houston, no Texas, em 8 de agosto de 1999.

enganação e blefe. Maior é aquele que está em nós (1Jo 4:4)! Mas precisamos aprender como viver na condição de povo vitorioso que somos.

É possível que nossa abordagem da questão da guerra espiritual e das fortalezas não seja equilibrada?

Não tenha dúvidas sobre isso! Por favor, entenda que o objetivo maior de Satanás é receber louvor e adoração (Is 14:12-17). E adorar tem muito a ver com a questão do foco. O Diabo conquista uma grande vitória e obtém enorme satisfação quando consegue fazer que dirijamos nosso foco mais nele do que em Deus. É por essa razão que este livro se concentra muito mais em nossa comunicação com o Senhor, por meio da oração e da Palavra de Deus, do que em orientações sobre o que dizer a Satanás.

Cristo nos deixou em Mateus 4:1-11 um modelo perfeito. Satanás é repreendido com eficácia muito maior pelo cristão que assume sua posição com base na Palavra de Deus. Se conhecemos a Palavra de Deus e aprendemos como orar com a mente de Cristo sobre determinada questão, estaremos equipados com trechos bíblicos específicos para usar quando for necessário enfrentar o inimigo e repreendê-lo verbalmente.

Ao longo deste livro, reitero com freqüência minha convicção absoluta de que a maneira mais eficaz de alcançar a vitória sobre o demônio é caminhando em retidão, junto com Deus. Fortalezas são pensamentos que devem ser levados cativos a ninguém mais senão Jesus Cristo. Se Satanás é capaz de levar nossos pensamentos cativos para o momento da guerra espiritual, isso significa que ele está conseguindo levantar mais uma fortaleza.

Costumo pedir a Deus que me ajude a manter o equilíbrio em todo o conselho que sua Palavra oferece, e que também me auxilie na hora de discernir se estou saindo da linha. Devemos todos manter o equilíbrio na Palavra de Deus. Podemos estar em guerra contra um inimigo muito poderoso e invisível, mas vivemos em paz com o Senhor Deus onipotente, e ele continua reinando!

Podemos ser libertados das fortalezas de imediato?

Sim, isso é possível, mas precisamos ter em mente que Deus está muito mais interessado em nosso relacionamento com o Libertador do que com nossa libertação propriamente dita. Às vezes, o poder opressor de uma fortaleza pode ser aniquilado de maneira instantânea, mas a renovação da mente pode levar um pouco mais de tempo. Lembre-se de que as fortalezas são destruídas quando somos capazes de levar nossa mente cativa a Cristo.

Sejamos sinceros: algumas *cadeias* da vida são simplesmente *mais fortes* do que outras. Se Deus pode contar com cooperação total de nossa parte, o tempo que o processo vai levar ou a intensidade da luta a ser travada está nas mãos de Deus. Veja bem, tudo depende dos planos do Senhor. Com certeza, não sou nenhuma especialista, mas depois de mais ou menos dezoito anos de pesquisa sobre como os cristãos lidam com a questão das fortalezas espirituais, cheguei à conclusão de que Deus, via de regra, prioriza um entre dois objetivos: demonstrar-nos sua *supremacia* ou nos ensinar sua *suficiência.*

Por exemplo, tenho uma irmã em Cristo a quem o Senhor libertou, há alguns anos, de dois vícios: bebidas alcoólicas e cigarro. De uma hora para outra, Deus destruiu a fortaleza do vício do cigarro e renovou a mente dessa mulher, de modo que ela nunca mais sentiu nenhum desejo de fumar. Contrastando com essa experiência, ela precisa tomar a decisão de viver livre do vício do álcool quase todos os dias de sua vida. Essa mulher ainda sente o desejo de beber, embora já viva de maneira vitoriosa há anos.

De qual fortaleza Deus a libertou? De ambas! Nenhum dos dois vícios a controla mais. A libertação instantânea do cigarro lhe ensinou que o Senhor tem domínio sobre todas as coisas que existem. Ela viu que nada é impossível para Deus; foi testemunha da absoluta *supremacia* divina. No entanto, se o Senhor a tivesse libertado de todas as fortalezas com a mesma rapidez e facilidade, essa mulher nunca teria aprendido a viver na dependência de Deus.

O desejo prolongado de beber, combinado com um desejo maior de vencer esse vício, foi como um desafio para que ela fizesse a opção pela autoridade e pelo poder de Cristo todos os dias de sua vida. Em sua sabedoria soberana, Deus escolheu permitir que essa mulher continuasse carregando um espinho na carne, e em sua fraqueza pudesse aprender mais sobre a força do Senhor. Ela aprendeu sobre a *suficiência* de Deus.

O mesmo provavelmente vale para você e para mim. Algumas fortalezas nunca mais ameaçarão levar nossa mente cativa. Outras, porém, podem contestar sua derrota e exigir um novo combate a cada dia. De um jeito ou de outro, Deus nos capacita para a vitória. É um sinal de sabedoria não julgar outras pessoas que, em sua luta por libertação, parecem voltar a cair na mesma escravidão várias vezes.

Nenhum de nós está livre de enfrentar esse mesmo desafio. Mateus 7:1-2 oferece um conselho sábio para quando somos tentados a julgar uma pessoa por sua incapacidade de conquistar vitória imediata e duradoura sobre determinada fortaleza: "Não julgueis, para que não sejais julgados. Pois, com o critério com que julgardes, sereis julgados; e, com a medida com que tiverdes medido, vos medirão também".

Renovar a mente significa aprender a ocupá-la com novos pensamentos. Pode ser que isso leve algum tempo para se tornar realidade. Por isso, não vamos perder mais um minuto sequer, certo? Está na hora de começar a acender o pavio para a dinamite explodir!*

*O título original apresenta 15 capítulos, dos quais foram extraídos 10 para compor a presente obra. (N.do E.)

capítulo um

Como derrotar o orgulho

Talvez não haja nenhum outro obstáculo espiritual como o orgulho. Quer saber o motivo? Porque o desafio de vencer o orgulho pode ser o denominador comum entre todas as pessoas quando se trata de pensar na lista das coisas que precisam ser resolvidas. Há uma razão bem simples para o fato de essa fortaleza ser de proporções tão imensas: o orgulho é a principal especialidade de Satanás. É a característica que descreve o próprio Diabo com maior propriedade. O orgulho é o problema que causou sua expulsão do céu, e continua sendo uma das ferramentas que Satanás usa com maior freqüência e sucesso para desencorajar as pessoas a aceitar o evangelho de Jesus Cristo.

Não podemos nos enganar, acreditando que o orgulho é um problema que só atinge as pessoas não-salvas. O recurso mais eficaz de que o inimigo dispõe para impedir que os cristãos sejam cheios do Espírito Santo é fazê-los acreditar que não precisam de Deus, que só dependem de si. Não é de admirar que a Bíblia declare e reitere que Deus *detesta* o orgulho. Trata-se do inimigo de qualquer ministério legítimo. É fator determinante da destruição de muitos lares.

As Escrituras exortam aos que crêem: "Humilhai-vos, portanto, sob a poderosa mão de Deus [...]" (1Pe 5:6). A Palavra do Senhor também apresenta aquela declaração muito inquietante de Daniel 4:37: "[Deus] pode humilhar aos que andam na soberba". Creio que a melhor maneira de resumir esses dois versículos bíblicos é esta: se não formos humildes, o Senhor nos torna assim. Ele não vai tolerar o orgulho na vida de seus filhos por muito tempo sem tratar desse problema. Ele é fiel demais, e há muita coisa em jogo.

Sei de uma coisa por experiência própria: tomar a iniciativa de se humilhar diante de Deus é muito menos doloroso que pedir a ele que faça isso em nossa vida. Ele tende a fazer o que for necessário para que a lição de humildade seja muito bem aprendida. Estou absolutamente convencida de que o período de maior sofrimento pelo qual o Senhor me permitiu passar até o dia de hoje foi aquele em que o jugo de meu orgulho foi destruído — um jugo, aliás, que eu nem mesmo percebia que estava carregando. Acredite em mim: desde então, procuro me manter alerta quanto a isso todos os dias de minha vida.

Em vários sentidos, os cristãos devem estar mais alertas quanto ao perigo do orgulho do que as outras pessoas. Quando não lidamos com alguma coisa que promova efetivamente a humildade, logo viramos a cabeça e nos tornamos pessoas arrogantes e legalistas. Uma atitute sábia é lembrar que Cristo nunca rejeitou o pecador arrependido. Ele tinha resistência era pelo orgulho e pelo farisaísmo religioso. Afinal de contas, o orgulho usa muitos disfarces.

Certa vez, depois de apresentar uma palestra sobre o orgulho, uma pessoa comentou que tinha um problema tão sério com a auto-estima que não havia espaço para ser orgulhosa. Acontece que o orgulho *não é* o oposto de uma auto-estima baixa, e sim o contraponto à humildade. Podemos ter um problema muito sério relacionado ao orgulho, mas camuflado sob a aparência da baixa auto-estima.

O orgulho toma conta da pessoa seja porque ela se acha muito miserável ou porque se considera maravilhosa demais. Devemos usar de sabedoria e manter vigilância constante para que ele não tome conta de nossa vida. Acredito que possamos dizer, com segurança, que, se não estamos tomando medidas para combater o orgulho, então é bem provável que estejamos fazendo alguma coisa que se opõe à humildade.

Se eu tivesse de reduzir a quantidade de temas desta série de livros sobre batalha espiritual contra fortalezas, certamente o orgulho continuaria na pauta. Vou explicar o motivo: o orgulho é o tapete vermelho que leva a todo tipo de aprisionamento. Tudo o que precisamos fazer para manter as amarras em *qualquer área* da vida é nos recusar a assumir a responsabilidade pela destruição das fortalezas e deixar de nos arrepender pelos pecados nelas envolvidos.

O orgulho é um imenso obstáculo que se coloca no caminho da libertação total. Por ironia, é ele que impede algumas pessoas de comprar este livro. Afinal de contas, o que as pessoas, como o caixa da livraria, poderiam pensar? Por causa disso, gostaria de lhe fazer alguns elogios neste momento. Você não estaria com esta obra nas mãos agora se não tivesse a humildade necessária para admitir a ameaça que uma ou duas fortalezas oferecem à sua vida. Trata-se de um passo ousado.

Não importa que tipo de fortaleza você está tentando destruir, é importante que pense na possibilidade de orar de acordo com algumas passagens bíblicas deste capítulo todos os dias, incluindo outras orações de sua autoria, registradas num papel à parte. Nunca perdemos tempo quando falamos com Deus sobre nossa tendência ao orgulho e procuramos nos apresentar com humildade na presença do Senhor.

Gostaria de compartilhar uma das iniciativas que ajudam a destruir a fortaleza do orgulho. A seguir você verá uma reflexão que Deus me concedeu há muitos anos, relacionada a essa questão. Que ele possa usá-la para falar a seu coração sobre o maior prejuízo que o orgulho pode provocar: ele é enganoso em qualquer situação.

> Meu nome é Orgulho. Sou um enganador.
>
> Engano você quanto ao destino que Deus lhe reservou... porque você quer fazer tudo à sua maneira.
>
> Engano você quanto ao contentamento... porque você sempre acha que merece alguma coisa melhor.
>
> Engano você quanto à sabedoria... porque você pensa que já sabe tudo.
>
> Engano você quanto à cura interior... porque você é uma pessoa cheia de si que não consegue perdoar.
>
> Engano você quanto à santidade... porque você se recusa a admitir quando erra.
>
> Engano você quanto à visão... porque você prefere olhar para o espelho a olhar pela janela.
>
> Engano você quanto ao conceito de amizade genuína... porque ninguém jamais conseguirá conhecer seu verdadeiro "eu".
>
> Engano você quanto ao amor... porque o amor verdadeiro exige sacrifícios.
>
> Engano você quanto ao céu... porque você se recusa a lavar os pés de seu próximo aqui na terra.
>
> Engano você quanto à glória de Deus... porque consigo convencer você a buscar a sua.
>
> Meu nome é Orgulho. Sou um enganador.

Você gosta de mim porque acha que estou sempre querendo seu bem. Mas isso não é verdade.
Estou fazendo o possível para enganar você.
Deus tem muito para oferecer, admito, mas não se preocupe:
Se você ficar sempre comigo,
Jamais saberá disso.

Orações

Pai, a tua Palavra diz que tu quebrantas a soberba de nossa força e fazes que os céus que cobrem nosso orgulho sejam como ferro e a terra debaixo deles, como bronze (Lv 26:19). Senhor, tua Palavra desenha um quadro vívido da vida da pessoa arrogante. As orações do orgulhoso que se erguem aos céus encontram um teto de ferro, e a vida sob seus pés é muito dura. Ajuda-me a ser humilde diante de ti, Senhor. A vida do orgulhoso, sem dúvida, se tornará muito difícil.

Pai, a tua palavra levanta esta questão: "A quem afrontaste e de quem blasfemaste? E contra quem alçaste a voz e arrogantemente ergueste os olhos? Contra o Santo de Israel" (2Rs 19:22). Por favor, ajuda-me a manter sempre o respeito que te é devido, ó Senhor.

Senhor, de acordo com a tua Palavra, depois de Uzias se tornar um homem muito poderoso, seu orgulho o levou à derrocada. Ele não foi fiel ao Senhor Deus (2Cr 26:16). Por favor, ajuda-me a jamais permitir que o orgulho se transforme num fator que me conduza à derrota.

Senhor, a tua Palavra diz que Ezequias se arrependeu do orgulho que seu coração ostentava, assim como aconteceu com o povo de Jerusalém. Por causa disso, a ira do Senhor não veio contra eles durante os dias de Ezequias (2Cr 32:26). Obrigado por me conceder perdão quando me arrependo do orgulho que invade meu coração.

Pai, de acordo com a tua Palavra, o perverso, em sua soberba, não procura por Deus; não há espaço para ti em seus pensamentos (Sl 10:4). Por favor, ajuda-me a sempre manter a mente aberta para pensar em ti, Senhor. Não permitas que eu seja tomado por um orgulho que me impeça de buscar-te, Deus.

Senhor, a tua Palavra diz que o perverso usa o orgulho como colar e se veste com o manto da violência (Sl 73:6). Tu nos mostras que há um vínculo entre o orgulho e a violência. Por favor, livra minha vida desses dois tipos de mal.

Pai, tu disseste que temer ao Senhor significa ter aversão pelo mal; tu detestas o orgulho e a arrogância, o mau caminho e a boca perversa (Pv 8:13). Ajuda-me a manter sempre um temor saudável de ti, que me permita abolir todo tipo de orgulho e arrogância.

Meu Pai, grande em fidelidade, tu me alertas que, quando o orgulho se apresenta, ele traz junto a desonra, mas que a humildade é acompanhada da sabedoria (Pv 11:2).

Pai, tu me ensinas que o orgulho só provoca contendas, mas a sabedoria é encontrada naqueles que ouvem o conselho (Pv 13:10). Ajuda-me a discernir o orgulho que se manifesta quando ajo de maneira contenciosa.

Senhor Deus, tua Palavra nos alerta, de maneira bem clara, que o orgulho precede a destruição, e que a altivez de espírito pavimenta o caminho da derrocada (Pv 16:18).

Deus, eu sei que o orgulho de um homem o abate, mas também sei que a pessoa de espírito humilde recebe honra (Pv 29:23).

Ajuda-me a compreender o que queres dizer quando falas sobre um espírito humilde. Quero ser uma pessoa honrada diante de teus olhos.

O orgulho é o endeusamento do eu.
Oswald Chambers, em *My Utmost for His Highest*

Pai, ajuda-me a lembrar sempre, em minha impaciência, que o fim de todas as coisas é melhor do que o princípio, e que a paciência é melhor do que a arrogância (Ec 7:8).

Pai, certamente há de chegar o dia em que a arrogância do ser humano será abatida, e que o orgulho dos homens será humilhado; só tu, Senhor, serás exaltado quando esse dia chegar (Is 2:17).

Pai, a tua Palavra declara, de maneira inequívoca, que tu hás de punir o mundo por causa da sua maldade, e os perversos serão castigados por causa de seus pecados. Tu colocarás um ponto final na arrogância dos altivos de coração e humilharás o orgulho das pessoas cruéis (Is 13:11).

Pai, quanto às pessoas que costumam ser desprezadas e odiadas pelo mundo, tu podes fazer delas motivo de glória eterna e de alegria para todas as gerações (Is 60:15). Tua aprovação e tua opinião é tudo o que realmente importa para nós.

Senhor, tu instruis teu povo a ouvir com muita atenção e seguir as tuas orientações porque o orgulho pode levar o teu rebanho a ser conduzido ao cativeiro (Jr 13:17).

Pai, ajuda-me a compreender que o orgulho que há em meu coração é enganoso (Jr 49:16).

Deus Pai, até o poderoso rei Nabucodonosor aprendeu a exaltar e glorificar o Rei do céu e reconheceu que todas as coisas que tu fazes são verdadeiras e que todos os teus caminhos são de justiça. Também viu que podes humilhar os que possuem coração orgulhoso (Dn 4:37).

Pai, tua Palavra diz que o orgulho endurece o coração que tenta se elevar (Dn 5:20). O teu desejo para mim é que eu tenha um coração benigno e compassivo (Ef 4:32). Por favor, desfaz toda a dureza de meu coração.

Pai, ajuda-me a guardar no coração apenas os tipos de orgulho que tu aceitas, como o de nos gloriarmos naqueles que dão um bom exemplo de vida e fé, ou nas pessoas que estimulam as outras a caminhar contigo em fidelidade (2Co 5:12). Aí então, mesmo quando passarmos por todo tipo de tribulação, tendo esse orgulho santo de nossos irmãos na fé, nossa alegria será tanta que transbordará (2Co 7:4).

Deus mostra nossa pobreza de espírito quando tentamos, por conta própria, caminhar por uma trilha que o agrade [...] e, ainda assim, fracassamos o tempo todo. Esse é o tesmunho do apóstolo Paulo em Romanos 7 a respeito da experiência pela qual ele passou. A humildade só pôde surgir quando o fariseu, antes tão orgulhoso, curvou-se com o rosto em terra e clamou: "Desventurado homem que sou! Quem me livrará do corpo desta morte?" (v. 24).

Kay Arthur, em *Lord, Only You Can Change Me*

Pai, guiaste os teus filhos, que constituíam o povo de Israel, por todo o caminho no deserto por quarenta anos para humilhá-los e testá-los, e então saber o que se passava no coração daquelas pessoas — se eram ou não capazes de guardar os teus mandamentos (Dt 8:2). Ajuda-me a entender que, às vezes, tu me guias por determinadas trilhas com o objetivo de me tornar mais humilde também, e para ver o que se passa em meu coração. Purifica-o, Senhor, de maneira que possas te alegrar naquilo que encontrares dentro de mim.

Pai, a tua Palavra ensina que humilhas e testas teus filhos de modo que, no fim da jornada, isso concorra para o bem deles (Dt 8:16). Tu não nos humilhas nem nos testas para nos sentirmos mal ou para provocar nossa derrota, mas para nos ensinar a ser vitoriosos em ti.

Tu, meu Senhor e meu Deus, salvas o povo humilde, mas os teus olhos estão sobre os orgulhosos para os abater (2Sm 22:28).

Pai, tu prometeste que, se o teu povo, que se chama pelo teu nome, se humilhasse, orasse, buscasse a tua face e se convertesse de seus maus caminhos, então dos céus ouvirias esse clamor, perdoarias o pecado e sararias a terra (2Cr 7:14). Por favor, ajuda-me a compreender que o reavivamento de todo o povo começa com o reavivamento pessoal, individual. Ajuda-me a ser humilde, orar, buscar tua face e me converter de todos os meus caminhos maus. Obrigado por me ouvir dos altos céus, por sarar minhas feridas, por perdoar meus pecados e por proporcionar cura a meu coração.

Não importa quão perverso ou mau o mundo se torne, ele não pode evitar que a Igreja passe por um reavivamento. Afinal de contas, nem mesmo as portas do inferno podem prevalecer contra ela. A Igreja é, ela própria, o pior inimigo que enfrenta na guerra pelo reavivamento espiritual. Seu orgulho é a única coisa que prevalece contra ela. "Se o meu povo, que se chama pelo meu nome, se humilhar..."

Deus sábio, tu prometes aos humildes de coração guiá-los naquilo que é justo e ensiná-los a andar em teus caminhos (Sl 25:9). Dá-me um coração humilde de modo que possa seguir-te naquilo que é justo e aprender a trilhar os teus caminhos.

Pai, tu prometeste amparar os humildes e lançar os ímpios em terra (Sl 147:6).

Meu Pai, alegro-me no fato de que tu, Deus Jeová, te agradas de teu povo. Tu coroas os humildes com a salvação (Sl 149:4).

Deus Pai, dá-me a coragem de admitir quando estiver participando de uma aliança que não seja prudente. Ajuda-me a tomar a iniciativa de me apresentar com humildade diante da outra pessoa e fazer meu apelo (Pv 6:3).

Que alívio abençoado podemos sentir quando finalmente dobramos nossos joelhos e nos apresentamos com humildade diante de Deus. De repente, descobrimos que o orgulho era um peso muito grande que carregávamos até então. É cansativo insistir em pensar com altivez a respeito de si, levando em conta tantas evidências em contrário!

Meu Pai, como sou grato a ti pelo fato de os humildes se regozijarem no Senhor! Os necessitados se alegrarão no Santo de Israel (Is 29:19).

Pai, não é suficiente para mim ser humilde por apenas um dia (Is 58:5). Tu desejas que a humildade seja um padrão de vida para mim.

Soberano Senhor, tua mão criou os céus e a terra, e todas as coisas vieram a existir por meio de ti. A tua Palavra afirma: "... o homem para quem olharei é este: o aflito e abatido de espírito e que treme da minha palavra" (Is 66:2). Pai, mal posso imaginar como é ser alguém para quem tu olhas, mas é isso o que desejo para mim, com toda a minha sinceridade! Pelo poder de teu Espírito, Senhor, faze de mim esse tipo de pessoa.

Deus Pai, tu disseste a teu servo Daniel: "Não temas, Daniel, porque, desde o primeiro dia em que aplicaste o coração a compreender e a humilhar-te perante o teu Deus, foram ouvidas as tuas palavras; e, por causa das tuas palavras, é que eu vim" (Dn 10:12). Tu és meu Deus, assim como foste o Deus de Daniel. Se eu aplicar meu coração a ganhar entendimento e a me humilhar diante de ti, tu ouvirás as minhas palavras e virás a mim, em resposta a elas.

Cristo podia dizer que era humilde de coração porque serviu as pessoas enquanto esteve na terra. Afinal de contas, ele era o Filho de Deus. Não precisava provar nada a ninguém. Mesmo assim, a Palavra do Senhor não afirma também que somos herdeiros de Deus e co-herdeiros com Cristo? Você sabe quem realmente é? Então, vá em frente e lave os pés de algumas pessoas. Os servos de Deus que desfrutam maior liberdade são aqueles que também sabem que não precisam provar nada a ninguém.

Meu Salvador e Redentor, ajuda-me a levar o teu jugo sobre mim e aprender de ti, pois tu és manso e humilde de coração, e assim encontrarei descanso para a minha alma (Mt 11:29).

Pai, assim como Maria, ajuda minha alma a engrandecer-te, e que meu espírito se alegre em ti, meu Salvador, porque atentaste para meu estado e viste humildade em mim (Lc 1:46-48).

Senhor Deus, com tua força derrubas os poderosos dos tronos que ocupam, mas exaltas os humildes de coração (Lc 1:52).

Pai, tu me exortas para que eu seja completamente humilde e manso; para que eu seja paciente, suportando as outras pessoas em amor (Ef 4:2). Por favor, dá-me o poder do teu Espírito Santo para que eu seja capaz de obedecer a esse mandamento.

Pai, grande em fidelidade, obrigado por nos dar mais graça. Tu resistes aos orgulhosos, mas concedes a tua graça aos humildes de coração (Tg 4:6).

Pai, desejo humilhar-me em tua presença, confiando que hás de me exaltar (Tg 4:10).

Deus, por meio do poder de teu Espírito Santo, ajuda-me a viver em harmonia com as outras pessoas, ser solidário a elas, amá-las como a irmãos e irmãs, ser misericordioso e humilde (1Pe 3:8).

Pai, ajuda-me a cingir minha vida de humildade, pois tu resistes aos orgulhosos, porém dás graça aos que são humildes (1Pe 5:5). Nunca viverei um dia sequer no qual não necessite de tua graça. Por isso, por favor, ajuda-me a manter uma atitude de humildade, de maneira que sempre receba a tua graça com alegria.

Pai, permite que eu me apresente com humildade sob a tua mão poderosa, para que, no tempo devido, possas me exaltar (1Pe 5:6). Tu és sempre digno de confiança, e o teu tempo é sempre o tempo certo. Ajuda-me a agir com humildade agora mesmo de modo que possas realizar coisas maravilhosas depois!

Deus de glória, em tua cavalgada majestosa e próspera pela causa da verdade, da humildade e da justiça, permite que tua mão direita realize grandes proezas (Sl 45:4).

Pai, de acordo com a tua Palavra, o temor do Senhor ensina o ser humano a ser sábio, e a humildade precede a honra (Pv 15:33). E tua Palavra também afirma que, "antes da ruína, gaba-se o coração do homem, e diante da honra vai a humildade" (Pv 18:12). Quero ser uma pessoa honrada diante de ti, ó Deus. Esse objetivo só pode ser alcançado com um coração humilde. Ajuda-me, Senhor, para que a humildade seja sempre minha motivação.

Pai, sou grato a ti pela certeza de que a humildade e o temor do Senhor proporcionam prosperidade, honra e vida (Pv 22:4).

Assim como o apóstolo Paulo, ajuda-me a servir-te, Senhor, com toda a humildade e em lágrimas, mesmo quando eu tiver de passar por provas difíceis na vida (At 20:19).

Por causa da influência do mundanismo, muitas pessoas bem-intencionadas apenas transferem seus egos imensos do mundo para a igreja. Tome cuidado com a ambição espiritual. Somos mais úteis para Deus quando nos derramamos diante dele livres de nosso eu e plenos de Cristo.

Pai, tu dizes a mim que não devo fazer nada por ambição egoísta ou por vanglória, mas que preciso ser humilde e considerar as outras pessoas até mesmo superiores a mim (Fp 2:3). Neste momento, confesso a ti toda a minha ambição egoísta e a minha vaidade. Perdoa-me por me considerar melhor do que os outros com tanta freqüência. Ajuda-me a ter em vista não apenas aquilo que faz parte de meus interesses, mas também as coisas que são importantes para as outras pessoas. Por favor, coloca em meu coração um sentimento como aquele que houve também em Cristo Jesus (Fp 2:4-5).

Deus, em meu desejo de me livrar do orgulho, permite que eu nunca me deixe levar pela falsa humildade. Ajuda-me a não ser aquele tipo de pessoa que entra em vários detalhes sobre as visões que recebe, e cuja mente espiritual se enche de noções inúteis (Cl 2:18).

Pai, a tua Palavra ensina que a falsa humildade e o rigor severo com o corpo não possuem valor nenhum quando se trata de impedir o pecado da sensualidade (Cl 2:23).

Deus, como alguém que faz parte de teu povo escolhido, santo e amado, ajuda-me a revestir minha vida de compaixão, bondade, humildade, mansidão e paciência (Cl 3:12).

Ó Deus, por favor, ajuda-me a nunca caluniar qualquer pessoa. Permite que eu seja sereno e sensato, demonstrando verdadeira humildade para com todos os seres humanos (Tt 3:2).

Pai, em tua Palavra, determinas quais são os sábios e inteligentes que vivem entre nós: são aqueles que demonstram essa postura na própria vida, procedendo sempre com a mesma humildade que a sabedoria lhes concede (Tg 3:13).

capítulo dois

Como derrotar o engano

O engano é a cola que mantém unidos todos os tipos de fortaleza espiritual. Vamos retomar um conceito sobre o qual discutimos na introdução do livro: nada nem ninguém é maior ou mais poderoso que Deus. Portanto, qualquer coisa que oriente a vida de um cristão, além de Jesus Cristo, só consegue se sustentar por meio da pretensão ou do engano.

Lembre-se de que Satanás é o pai da mentira (Jo 8:44). "Nele não há verdade", diz o texto bíblico. No entanto, sua especialidade é tramar a mentira de tal maneira que ela acabe parecendo verdade. Pode não haver limites para a lista de mentiras em que costumamos acreditar quando estamos presos a uma fortaleza. Analise apenas alguns exemplos:

- "Jamais poderei alcançar vitória sobre essa compulsão que me domina. Convivo com ela há tempo demais para isso."
- "Não tenho como evitar a confusão em que me meti. Estou preso nela, e não há nada que eu possa fazer para resolver o problema."
- "Pode até ser uma fortaleza, mas eu *preciso* muito dela para sobreviver."

- "Sou uma pessoa absolutamente indigna. Não passo de um grande fracasso."
- "Quem está no controle sou eu; não é isso que me controla."
- "O que está acontecendo não me faz mal nenhum. Posso lidar muito bem com isso."
- "Na hora certa, vou saber que devo parar com isso."
- "Depois de tudo por que passei, eu bem que mereço."
- "Não há nada de errado com esse relacionamento. O problema é que as pessoas não conseguem nos entender."
- "Todo mundo tem esses mesmos tipos de pensamento a maior parte do tempo. Eu sou apenas um ser humano."
- "Deus pode operar na vida de muitas pessoas, mas ele não está operando na minha."
- "Vou ter de esperar até chegar no céu para me ver livre disso. É impossível alcançar vitória sobre esse problema nesta vida."
- "É pouco provável que Deus possa preencher o vazio de minha vida. Preciso de alguma coisa a mais."
- "Sou uma pessoa emocionalmente fraca, por isso nunca consigo me sentir bem de fato."
- "Não há esperança para mim. Eu mesmo sou uma pessoa sem esperança."

Às vezes, temos plena noção de que estamos tolerando — ou mesmo alimentando — uma mentira. Em outras oportunidades, ficamos presos numa espécie de teia tão difícil de escapar que não conseguimos mais discernir bem a situação em que nos encontramos. Nem sempre fica claro para nós a partir de que ponto estamos sendo enganados, mas um sinal bem evidente é quando começamos a enganar.

Tudo o que precisamos fazer para identificar a influência de Satanás numa situação é procurar a mentira. Como podemos reconhecer uma mentira? Qualquer coisa em que creiamos ou que façamos que se oponha à verdade que a Palavra de Deus nos revela a respeito daquela questão é uma mentira. O texto de 2Coríntios 4:2 nos mostra como reagir a esse tipo de situação: "[...] pelo contrário, rejeitamos as coisas que, por vergonhosas, se ocultam, não andando com astúcia, nem adulterando a palavra de Deus".

Essa passagem nos ajuda a identificar quatro das especialidades de Satanás, às quais o cristão deve renunciar e se opor para que possa, assim, seguir numa jornada vitoriosa:

1. Vida de segredos.
2. Vergonha.
3. Engano.
4. Distorção das Escrituras.

Ao analisar cada uma delas, fica fácil imaginar como o engano permeia todas as quatro, e como elas estão relacionadas. Os planos de Satanás em relação ao cristão constituem sempre a antítese dos planos de Deus. Nosso Redentor deseja nos libertar da prisão de uma vida de segredos e proporcionar a seus filhos um espaço amplo de alegria, liberdade, autenticidade e transparência. Satanás, por sua vez, quer nos manter amarrados a sigilos, por meio dos quais ele consegue nos oprimir com culpa, tristeza e vergonha.

Amados leitores e leitoras, posso dizer, por experiência própria, que boa parte da culpa que nos oprime vem embrulhada em nossos segredos. Na verdade, o inimigo sabe que, quando abandonamos a vida de segredos e os expomos à luz da Palavra de Deus, estamos no caminho certo para a libertação.

Não estou sugerindo que a única maneira de se libertar é se apresentar diante da congregação para contar, nos mínimos detalhes, cada pecado que tenhamos cometido ou pensado em cometer. A *Versão Almeida Revista e Corrigida* traduz Tiago 5:16 com uma precisão bem maior do que a maioria das outras: "Confessai as vossas *culpas* uns aos outros e orai uns pelos outros, para que sareis" (grifo da autora). Na *Versão Almeida Revista e Atualizada* lemos: "Confessai, pois, os vossos *pecados* uns aos outros..." (grifo da autora).

A palavra do texto original traduzida por "culpas" na ARC e "pecados" na ARA é *paraptoma*, que significa "culpa", "deslize", "equívoco", "erro", "mau procedimento".[1] Compare com 1João 1:9, onde recebemos a informação de que, "se confessarmos os nossos pecados, ele é fiel e justo para nos perdoar os pecados e nos purificar de toda injustiça" (ARA). A palavra original traduzida neste versículo por "pecados" é *hamartia*, que significa errar o alvo de alguma maneira, ou qualquer "desvio da verdade".

Essa palavra é usada com freqüência para "mencionar pecados pessoais...".[2] Tiago 5:16 se refere às confissões que fazemos a Deus. Por favor, perceba o contraste sutil entre compartilhar nossas culpas, fraquezas e erros com outras pessoas e a confissão de todos os pecados, em detalhes, diante de Deus.

Há uma grande diferença entre Deus e os irmãos na fé: ele é sempre capaz de acreditar em nós. Ele é sempre capaz de nos perdoar. E ele é sempre capaz de deixar esses pecados no passado. Felizmente, *alguns* irmãos na fé também são capazes de fazer isso. No entanto, há outros que não podem saber dos detalhes mais delicados e sujos sem se escandalizar.

[1] Spiros ZODHIATES, *The Complete Word Study Dictionary: New Testament*, Iowa Falls, World Bible, 1992, verb. 3900, 1113.

[2] Id., verb. 266, p. 130.

É uma pena, mas há momentos em que nossos irmãos e nossas irmãs em Cristo podem se tornar os maiores obstáculos quando se trata de deixar para trás as particularidades devastadoras que caracterizam nossa história pregressa. Sejamos sinceros: alguns cristãos possuem a maturidade necessária para ajudar a nos livrar de nossas mortalhas; outros, por sua vez, só sabem pegar qualquer coisa que ousamos confessar para jogar novamente em nossa cara.

Se desejamos, de fato, viver em liberdade, não temos nenhuma outra alternativa além de renunciar, diante do Senhor, a cada canto secreto de nossa vida onde resida o pecado, trazendo à luz da Palavra de Deus até mesmo o menor detalhe. Esse é o meio pelo qual o Senhor injeta a verdade "no íntimo" de nosso ser (Sl 51:6).

Também descobri que podia contar com uma ajuda inestimável e me sentir à vontade quando confessava os detalhes dos pecados que cometia e das fortalezas que enfrentava a alguns irmãos de fé confiáveis e maduros, em nome da responsabilidade. Há algumas pessoas nas quais eu posso confiar de fato, e que sabem de praticamente todos os detalhes relacionados à minha vida.

Em meu ministério público, em vez de escrever ou falar, coloco em prática o texto de Tiago 5:6, compartilhando minhas fraquezas e culpas, e dando um testemunho mais generalizado de minhas experiências quando vivia no fosso do pecado. Não escondo o fato de que Deus me libertou de muitas situações de vergonha e pecado. Não vejo, porém, nenhuma maneira pela qual o corpo de Cristo possa ser edificado se eu entrar em muitos detalhes sobre meu passado.

É possível que Deus oriente você de um modo diferente. De minha parte, porém, sinto-me totalmente em paz no coração vivendo nesse equilíbrio entre a confissão pública de meus pecados, que faço de maneira generalizada, e a confissão particular de um pecado específico diante de Deus e de algumas pessoas.

Levar uma vida de vitórias consistentes exige coragem! Mas essa coragem conduz a uma liberdade gloriosa e indescritível! Que grande alívio está à espera daqueles que decidem, de fato, permitir que a verdade do Senhor os liberte... e igualmente livres os mantenha. Disponha-se a pedir a ajuda de Deus com freqüência se você estiver omitindo ou negando a existência de uma fortaleza espiritual em sua vida.

Por causa dos pecados cometidos no passado, fui obrigada a aprender a conversar abertamente com Deus a respeito de áreas de minha vida que estão sempre sob risco — aquelas nas quais já fui derrotada antes, ou determinadas circunstâncias que, de repente, podem gerar raiva ou insegurança. Também peço ao Senhor que me ajude a discernir os primeiros sinais de engano que Satanás tenta colocar em minha vida para me confundir.

Permita-me reiterar, porém, que o modo mais eficaz de escapar do engano é caminhando na verdade. Em 3João 4 lemos o seguinte: "Não tenho maior alegria do que esta, a de ouvir que meus filhos andam na verdade". A notícia mais maravilhosa é a de que essa alegria gerada pela decisão de andar na verdade não é apenas de Deus; também é sua alegria. Como disse o Senhor Jesus: "Tenho-vos dito isso para que a minha alegria permaneça em vós, e a vossa alegria seja completa" (Jo 15:11).

Os que andam na verdade caminharão em liberdade.

Orações

Pai, neste momento estou fazendo minha opção pelo caminho da verdade. Desejo os teus juízos de todo o meu coração

(Sl 119:30). Ajuda-me a sempre escolher a trilha da verdade até o fim de meus dias.

Senhor Deus, quando perguntaste à mulher no jardim do Éden: "Que é isso que fizeste?", a resposta que ela te deu foi: "A serpente me enganou, e eu comi" (Gn 3:13). Tal como Eva foi enganada pela astúcia da serpente, a mente das pessoas — mesmo aquelas que se dedicam a Cristo com sinceridade e pureza de coração — pode ser corrompida (2Co 11:3). Por favor, ajuda-me a manter sempre atenção redobrada quanto aos velhos truques que o inimigo tenta usar para me enganar. Mesmo o cristão mais sincero e dedicado pode ser corrompido, caso não se mantenha firme e constante na trilha de tua Palavra e bem alerta em relação às artimanhas de Satanás. Ajuda-me a não ser enganado pela astúcia da serpente.

Mostra-me os teus caminhos, ó Senhor, ensina-me como andar em tuas trilhas. Guia-me em tua verdade e me ensina, pois tu és meu Deus, meu Salvador, e minha esperança está depositada em ti durante todo o dia (Sl 25:4-5).

Examina-me, ó Senhor, e prova-me; sonda o meu coração e a minha mente, pois o teu amor está sempre diante de meus olhos, e desejo caminhar o tempo todo em tua verdade (Sl 26:2-3).

Tu, ó Senhor, Deus da verdade, é aquele que me redime (Sl 31:5). Ajuda-me a lembrar que nada nem ninguém pode alcançar a redenção, a não por meio da verdade — do Deus da verdade!

Não retenhas de mim a tua misericórdia, ó Senhor. Permite que o teu amor e a tua verdade sempre sejam minha proteção (Sl 40:11). Pai, por favor, ajuda-me a compreender como a tua verdade me guarda. Sem ela, sou vulnerável tanto ao ataque do inimigo quanto ao de minha natureza carnal.

Ó Deus, envia a tua luz para que ilumine a minha vida, assim como a tua verdade. Permite que elas me guiem; permite que elas me conduzam ao teu monte santo, ao lugar onde tu habitas (Sl 43:3).

Começamos a reconhecer as mentiras quando passamos a conhecer a verdade.

Deus de glória, cavalga de maneira majestosa e vitoriosa em nome da verdade, da humildade e da justiça; permite que tua mão direita realize proezas extraordinárias (Sl 45:4). Não preciso temer a verdade. Ela é a chave que tu usas para me conduzir diretamente à vitória.

Senhor Deus, com certeza tu desejas que a verdade esteja no interior de meu ser; tu me ensinas a sabedoria no mais íntimo de minha alma (Sl 51:6). Por favor, revela-me as mentiras que estejam mais profundamente enterradas em minha mente e substitui cada uma delas pela verdade, imprimindo-a de maneira indelével em mim.

Ensina-me o teu caminho, ó Senhor, e andarei sempre na tua verdade. Concede-me um coração resoluto, de maneira que eu só tema o teu nome (Sl 86:11).

Não permite que nada arrebate de minha boca a palavra da verdade, ó Senhor, pois a minha esperança está depositada em teus juízos (Sl 119:43).

Senhor Deus, tu estás perto de todos aqueles que te invocam, de todos quantos te invocam em verdade (Sl 145:18).

Pai, a tua Palavra nos exorta a adquirir a verdade e nunca negociá-la, e proceder do mesmo modo com a sabedoria, com a disciplina e com o entendimento (Pv 23:23). Ajuda-me a compreender que, às vezes, a verdade exige que paguemos um preço alto, mas não tão alto quanto o preço que pagamos pelo engano. A verdade nunca falha: ela nos proporciona sempre grande ganho.

Senhor Deus, tu nos dizes em tua palavra que nunca falaste nada em segredo, nem de lugar nenhum onde houvesse trevas. Tu nunca disseste à descendência de Jacó: "Buscai-me em vão". Tu, Senhor, falas a verdade; tu proclamas aquilo que que é direito (Is 45:19).

Pai, tu dizes em tua Palavra: "Aquele que se abençoar na terra, pelo Deus da verdade é que se abençoará; e aquele que jurar na terra, pelo Deus da verdade é que jurará; porque já estão esquecidas as angústias passadas e estão escondidas dos meus olhos" (Is 65:16). Senhor, são muitos os problemas de meu passado, e a impressão que tenho é a de que eles estão continuamente diante de meus olhos. Por favor, Deus da verdade, invoca a tua bênção sobre minha vida e livra-me dos pecados que marcaram meu passado.

Ó Senhor, a tua Palavra diz que os teus olhos estão dirigidos o tempo todo para a verdade. Quando tu puniste os filhos de Israel, tu os feriste, mas eles não sentiram nenhuma dor; tu os quebrantaste, mas eles não aceitaram a correção. Pelo contrário: endureceram o rosto mais do que uma rocha e recusaram a se arrepender (Jr 5:3). Senhor Deus, tem misericórdia de mim. Ajuda-me a não desprezar a tua disciplina. Tu só nos castiga em amor, e com o objetivo de nos levar de volta a um lugar seguro — a ti mesmo, Senhor Deus. Ajuda-me para que eu não me esconda atrás das mentiras. Quando tu procurares pela verdade, meu desejo é que tu possas encontrá-la em mim!

Senhor Deus, não quero que tu tenhas de dizer a meu respeito: "Esta filha não obedeceu à voz do Senhor, seu Deus, nem aceitou a minha disciplina. A verdade já pereceu; foi banida de seus lábios" (Jr 7:28). Senhor, se eu permitir que a verdade pereça em minha vida e nunca mais volte a ela, significa que viverei todo o restante de meus dias em escravidão.

Misericordioso Deus, de acordo com a tua Palavra, todas as pessoas que praticam o mal odeiam a luz, e nunca se aproximarão dela por temer que suas obras más sejam expostas. Contudo, aqueles que vivem pela verdade se aproximam da luz, e assim pode ser revelado, de maneira bem clara, que as obras de suas mãos foram realizadas em Deus (Jo 3:20-21). Ó, Deus, ajuda-me a não ter medo de que tua luz brilhe e ilumine minha escuridão. Por favor, permite que ela penetre, exponha e elimine qualquer treva ou engano em minha vida, e assim eu possa viver em liberdade nessa luz que vem de ti!

Deus Pai, segundo afirma a tua Palavra, se eu desejo, de fato, ser um de teus discípulos, é preciso que eu permaneça em teus ensinamentos. *Só então* conhecerei a verdade, e a verdade me libertará (Jo 8:31-32). Ajuda-me a discernir a ligação vital que existe entre a tua verdade e a minha liberdade.

Senhor Deus, tu disseste em tua Palavra que o diabo foi um assassino desde o começo; que ele nunca permaneceu na verdade, pois não há verdade nele. Quando ele profere alguma mentira, está falando o próprio idioma, pois trata-se de um mentiroso e pai de todas as mentiras (Jo 8:44). Por favor, ajuda-me a discernir que, onde quer que exista o engano, o diabo está operando nesse lugar.

Cristo, meu Salvador e Senhor, tu és meu caminho. Tu és a minha verdade. Tu és a minha vida. Tu és o único meio pelo qual posso ir ao Pai (Jo 14:6). Obrigado, Jesus, pelo acesso que tu me proporcionaste quando deste a tua vida na cruz em meu lugar.

"*Graça:* misericórdia, perdão, compaixão, bênção, amor, bondade — tudo isso personificado em nosso Senhor. Nosso Deus é pródigo em graça. Diante dele, somos todos como a mulher flagrada em adultério: todos nós pecamos e, por isso, somos alvo de acusação. Mas Deus não nos condena à morte, como prevê a lei. Ele estende seu favor especial a nós, que não o merecemos. Sua graça é ainda mais preciosa porque nos é concedida de maneira gratuita; contudo, o preço que ele pagou foi muito alto. O próprio Deus pagou esse preço, de modo que ele pudesse, de bom grado, derramar sua graça sobre nós."

Cynthia Heald, em *A Woman's Journey to the Heart of God*[3]

Pai, tu enviaste o teu Santo Espírito para ser meu Consolador. Ele veio direto de ti para mim e para todos os que crêem. Ele é o Espírito da verdade, que procede do Pai, e testifica a mim, com fidelidade, a verdade concernente a teu Filho Jesus (Jo 15:26).

O teu Santo Espírito, o Espírito da verdade, me guiará a toda a verdade. Ele não falará por si; ele dirá apenas o que ouvir de ti, Senhor (Jo 16:13). À medida que o Espírito Santo dentro de mim procura e identifica áreas de engano em minha vida, dá-me, ó Deus, perfeito discernimento para que eu possa compreender quando ele me guiar em toda a verdade. Obrigado, fidelíssimo Pai.

[3] Ed. bras.: *A jornada de uma mulher ao coração de Deus*. São Paulo, Candeia, 1999.

Senhor Deus, santifica-me por meio da verdade; a tua palavra é a verdade (Jo 17:17). Por favor, ajuda-me a assumir, de modo integral, o que esse versículo está dizendo, Senhor. Posso até ser salvo por ti, mas se eu não permitir que tu me ensines e me faças amadurecer por meio da tua Palavra, eu nunca realizarei aquilo para que tu me santificaste ou me separaste nessa vida terrena.

Senhor, a tua Palavra é bem clara: a maldade obstrui a verdade. A tua ira há de ser revelada desde os céus contra todo tipo de impiedade e a perversão dos homens que impedem a verdade por causa da injustiça que cometem (Rm 1:18).

Ó Pai misericordioso, por favor, ajuda-me a nunca trocar a verdade de Deus por uma mentira (Rm 1:25). Se há alguma área de minha vida em que eu tenha promovido essa troca tão trágica, revela-me, Senhor, e promove a libertação.

Senhor, a tua Palavra é clara quando diz que aqueles que são interesseiros e rejeitam a verdade para seguir o mal enfrentarão tua ira e tua indignação (Rm 2:8).

Senhor Jesus, de acordo com a tua Palavra, o amor não se deleita com o mal, mas se alegra com a verdade (1Co 13:6). Ajuda-me, Senhor, a ser tomado de um amor genuíno e divino pelo próximo, e a me alegrar com a verdade.

Deus Pai, com toda a minha sinceridade, desejo renunciar a todo tipo de caminho oculto e vergonhoso. Quero abandonar o engano e aprender a não distorcer a Palavra do Senhor. Pelo contrário, por meio da manifestação plena da verdade, desejo agir de maneira digna diante da consciência de todas as pessoas, na presença de Deus (2Co 4:2).

Meu Pai, Deus fiel, desejo me tornar uma pessoa madura a ponto de alcançar a medida da estatura da plenitude de Cristo.

Aí então, deixarei de ser como uma criança que se deixa balançar de um lado para outro pelas ondas, levada para lá e para cá por todo vento de doutrina, bem como pela astúcia e pelos artifícios usados pelos homens em sua intenção de enganar as pessoas. Por favor, ó Deus, ensina-me a falar a verdade em amor, crescendo em todas as coisas naquele que é a cabeça: Jesus Cristo (Ef 4:13-15).

"O pecado usa um manto de engano. Por isso, o primeiro estágio [...] envolve a exposição de nosso coração à verdade e sua purificação quanto a todo tipo de mentira [...] Uma vez que o Espírito tenha quebrado o poder do engano em nossa vida, ele pode destruir o poder do pecado."
Francis Frangipane, em *Holiness, Truth and the Presence of God* [4]

Deus e Pai, continua a me ensinar. Ajuda-me a discernir o que está de acordo com a verdade, que está em Jesus (Ef 4:21).

Senhor Deus, antes eu era apenas trevas, mas agora sou luz em ti. Ajuda-me a viver, agora mesmo, como um filho da luz, pois o fruto da luz consiste em toda bondade, justiça e verdade. Ajuda-me a buscar-te e descobrir sempre aquilo que é agradável a ti (Ef 5:8-10).

Meu Deus todo-poderoso e Pai, capacita-me a permanecer firme, cingindo-me com a verdade e usando a couraça da justiça (Ef 6:14). Ajuda-me a entender que, se eu não usar a verdade como um cinto à minha volta, ficarei vulnerável aos ataques do Diabo. A verdade é minha principal defesa contra o pai da mentira.

[4] Ed. bras.: *O desafio da santidade*. São Paulo, Vida, 2002.

Deus, de acordo com aquilo que diz a tua Palavra, as pessoas perecem porque se recusam a amar a verdade e receber a salvação (2Ts 2:10). Por favor, Senhor, dá-me amor pela verdade! O amor pela verdade produz tantos frutos que não se pode contar.

Pai, quando eu pecar contra ti e fizer a opção por andar na trilha do engano, em vez de seguir o caminho da verdade, por favor, envia pessoas que possam me disciplinar e confrontar. Concede-me o arrependimento e guia-me a um conhecimento maior da verdade (2Tm 2:25).

Pai, por favor, não permite que eu seja uma dessas pessoas que estão sempre tentando aprender, mas nunca são capazes de chegar ao conhecimento da verdade (2Tm 3:7).

Senhor, a tua Palavra, divinamente inspirada, declara que o conhecimento da tua verdade conduz à piedade (Tt 1:1).

Pai, a tua Palavra nos exorta que, se um de nós se desvia da verdade, outro deve trazê-lo de volta (Tg 5:19).

Senhor Deus, de acordo com a tua Palavra, purificamos nossas almas quando obedecemos à verdade. Essa purificação nos liberta para que sejamos capazes de amar nossos irmãos de fé com sinceridade, e um ao outro ardentemente, de todo o coração (1Pd 1:22).

Senhor, ajuda-me a saber que pertenço à verdade, e faz meu coração descansar em tua presença (1Jo 3:19).

A tua verdade permanece em mim, ó Deus, e estará para sempre comigo (2Jo 2).

Meu fidelíssimo Deus, eu te agradeço pela graça, pela misericórdia e pela paz que vêm de ti, Pai, e de Jesus Cristo, teu Filho, e que serão comigo em verdade e amor (2Jo 3).

"Se meu Pai diz alguma coisa a meu respeito, mesmo que eu não consiga entender num primeiro momento, posso descansar na segurança de que é isso mesmo que ele diz [...] e começar a assumir essa verdade [...] e prosseguir vivendo nela. Não posso mais culpar os outros pela maneira como me vejo. Não posso usar a velha desculpa de que "sou assim mesmo, não adianta", pois deixei de ser "assim mesmo". Para que eu recupere o terreno que perdi, basta manter um relacionamento com meu Pai. Seus genes divinos agora fazem parte da herança a que tenho direito nele. Só preciso ser aquela pessoa que ele diz que sou."

Dennis Jernigan, em *This Is My Destiny*

Deus Pai, ajuda-me a te dar a grande alegria de andar sempre na verdade, de acordo com o mandamento que recebemos de ti (2Jo 4).

Senhor, desejo dar-te a grande alegria de ouvir falar a respeito de minha fidelidade à verdade e sobre como continuo andando na verdade (3Jo 3).

Deus Pai, não há maior alegria para ti do que saber que os teus filhos estão caminhando na verdade (3Jo 4).

Senhor, sem ti eu seria tolo e desobediente, enganado e escravizado por todos os tipos de paixão e prazer. Viveria em malícia e inveja, odiando as pessoas e sendo odiado por elas (Tt 3:3). Não quero esse tipo de vida, Deus! Meu desejo é o de viver no poder e na plenitude de teu Espírito Santo.

Deus Pai, tu alertaste teus filhos com firmeza para que não se permitissem ser enganados (Tg 1:16). Será que neste momento estou sendo enganado de alguma maneira? Se isso está acontecendo, por favor, revela-me. Dá-me a coragem para que eu não colabore mais com as intrigas enganadoras.

"Cada área de nossa vida controlada pelo pecado é um aspecto de nossa alma sob a ação do engano [...] Conseqüentemente, quanto mais sincera uma pessoa se torna consigo e com Deus, mais se vê liberta do 'engano do pecado' (Hb 3:13), permitindo que a retidão se manifeste."

Francis Frangipane, em *Holiness, Truth and the Presence of God*

Deus que estás no céu, a tua Palavra nos assegura que o Diabo, que é o enganador desse mundo, será atirado para dentro do lago de fogo e enxofre, onde será atormentado noite e dia, para sempre (Ap 20:10).

Deus Pai, assim como os filhos de Israel no tempo do profeta Jeremias, vivo no meio da falsidade; em seu engano, muitas pessoas se recusam a te reconhecer (Jr 9:6). Pai, por favor, ajuda-me a não ser levado cativo pelo engano que me cerca nessa sociedade.

Pai, a tua Palavra diz que, quando as pessoas semeiam a perversidade, elas colhem o mal. Tu identificaste a raiz do problema quando disseste que essas pessoas comeram o fruto da mentira. Elas confiam na própria força e dependem de muitos guerreiros (Os 10:13). Ó Deus, por favor, ajuda-me a não comer o fruto da mentira. Permite que eu saiba reconhecer a podridão desse fruto, recusando-me a provar dele.

Pai, ajuda-me a discernir os mensageiros que trazem visões falsas e adivinhações mentirosas — aqueles que proclamam: "O Senhor disse!", embora tu, Deus, não os tenha enviado (Ez 13:6).

Pai, reconheço que, em determinados momentos de minha vida, me alimentei de cinzas, em vez da tua Palavra, e permiti que meu coração enganoso me iludisse. Ajuda-me para que eu saiba reconhecer quando estou confiando minha segurança a algo que não passa de uma mentira (Is 44:20).

Eu te louvo, Deus do céu e Senhor da terra! Tu não és como o homem, por isso não mentes; nem és como filho de homem, por isso não mudas de idéia. Por acaso falarias algo que não viesses a cumprir? Ou prometerias alguma coisa que não viesses a realizar? (Nm 23:19). Tu és sempre fiel, Deus! Como sou grato por saber que tu nunca hás de mentir para mim.

A fidelidade de Deus não pode ser desvendada por meio de comparação entre o Senhor e o mais nobre de todos os seres humanos. Deus não é homem. Ele simplesmente não precisa resistir a tendências vis — ele não possui nenhuma. Podemos confiar naquilo que o Senhor nos diz.

Deus Pai, reconheço que o Espírito Santo diz, de maneira bem clara, que, nos últimos tempos, muitas pessoas abandonariam a fé e seguiriam espíritos enganadores e ensinos de demônios (1Tm 4:1). Conforme se aproxima o dia de tua volta, aumenta a cada dia o engano e proliferam as doutrinas literalmente perversas, ensinadas por mensageiros das trevas. Por favor, Jesus, faz que em mim se desenvolva um alto nível de discernimento. Ajuda-me a conhecer tão bem a verdade que eu seja capaz de reconhecer, de imediato, o mais sutil e astuto sinal de mentira.

Deus Pai, tu me orientas, para meu próprio bem, que não seja somente ouvinte de tua Palavra, mas que também a coloque em prática. Se eu me limitar a ouvi-la sem obedecer ao que ela diz, não há dúvida de que estarei apenas me enganando. Ajuda-me a entender que a Palavra de Deus é minha lei perfeita de liberdade! (Tg 1:22,25).

Meu fidelíssimo Deus, ajuda-me a ser cuidadoso para que ninguém consiga me enredar com filosofias sem substância e enganosas, as quais dependem da tradição humana e dos princípios fundamentais desse mundo, em vez de ter Cristo como referência (Cl 2:8).

Eu te louvo, Deus, e glorifico teu nome poderoso! Porque a tua Palavra é viva e eficaz. Ela é mais afiada do que qualquer espada de dois gumes, e é capaz de penetrar até ao ponto de dividir a alma e o espírito, as juntas e a medula. A tua Palavra, Senhor, pode discernir os pensamentos e as atitudes do coração. Nada há, em toda a criação, que consiga se ocultar de tua vista. Todas as coisas são descobertas e patentes diante de teus olhos (Hb 4:12-13). Obrigado pela segurança que me proporcionas de saber que, se eu permanecer em tua Palavra e obedecer aos teus ensinamentos, terei capacidade de discernir, sem demora, a ameaça do engano e caminhar na verdade e na liberdade. Teus olhos penetram nos lugares mais profundos de meu coração e minha mente. Por favor, ajuda-me para que eu sempre permita que tu reveles as coisas que preciso ver, e ensina-me a viver em liberdade.

Pai, ajuda-me a incentivar outras pessoas todos os dias, durante o tempo que se chama "hoje", de maneira que elas não tenham seu coração endurecido pelo engano do pecado (Hb 3:13). Envia a mim pessoas capazes de me encorajar também quando eu precisar delas. A tua Palavra ensina, de modo claro, que o engano do pecado endurece nossa mente e nosso coração. Permite, por tua Palavra, que isso não aconteça comigo.

Deus Pai, a tua Palavra diz: "Ai dos que puxam para si a iniqüidade com cordas de injustiça e o pecado, como com tirantes de carro!" (Is 5:18). Por favor, mantém-me alerta para que eu não demore a perceber quando estiver puxando uma corda de injustiça.

"A verdadeira liberdade só poderá acontecer em sua vida quando você assume a verdadeira identidade que Deus lhe atribui. *Saber* o que Deus quer que você seja não é a mesma coisa que *colocar em prática* essa identidade. Quando a vida fica complicada e os fracassos se acumulam, volte seu coração e sua mente às coisas mais básicas. Lembre-se de quem você é em Cristo; seja quem Deus diz que você é e, no tempo certo, estará caminhando pela [...] galeria da liberdade."

Dennis Jernigan, em *This Is My Destiny*

Pai, tu me alertaste, para meu próprio bem, que não devo confiar nas coisas de meu coração, a não ser que ele esteja diante de ti, em total rendição. Meu coração é enganoso, mais do que todas as outras coisas, e não há como recuperá-lo. Nunca serei capaz de compreender isso. Tu, Senhor, sondas o coração e examina os pensamentos (Jr 17:9-10). Cria em mim um coração puro, ó Deus, e renova um espírito inabalável dentro de meu ser (Sl 51:10). Ajuda-me, Senhor, a guardar o coração mais do que qualquer outra coisa, pois ele é a fonte da vida (Pv 4:23). Por favor, ajuda-me a reconhecer que o principal alvo do engano é meu coração. Em outras palavras, preciso tomar muito cuidado para não confiar unicamente nos sentimentos e nas emoções. Devo usar a couraça da justiça de tal maneira que seja capaz de fazer sempre a coisa certa, mesmo quando não achar que é.

Enquanto isso, peço a ti, Senhor, que coloque em meu coração o tipo certo de sentimento.

Cura-me, meu Senhor, e serei curado; salva-me, e então serei realmente salvo. Porque tu és o motivo de meu louvor. Como festejo o fato de que tu não te recusaste a ser meu pastor; da mesma forma, nunca desejaste que viesse sobre mim o dia da aflição (Jr 17:14,16).

capítulo três

Como derrotar a rejeição

Pouca gente é capaz de encarar o difícil desafio implícito na rejeição. Em Filipenses 3:10, o apóstolo Paulo faz uma declaração que resume qual era o desejo mais profundo de seu coração fervoroso: "Quero conhecer Cristo, o poder da sua ressurreição e a participação em seus sofrimentos..." (NVI). Uma das partes mais importantes e declaradamente dolorosas do processo divino de fazer nossa vida mais parecida com a de Cristo consiste em nossa disposição de participar nos sofrimentos do Salvador.

O primeiro episódio de sofrimento de Jesus registrado no Evangelho de João pode ser encontrado no versículo 11 do primeiro capítulo: "Veio para o que era seu, e os seus não o receberam". *Rejeição.* Lembre-se de que estamos falando do povo ao qual Jesus pertencia. Ele os *amava*. Com certeza, Cristo ansiava, em seu coração, por ser aceito entre aquelas pessoas.

O povo hebreu compartilhava um senso de comunidade que encontra raros paralelos em nossa sociedade. Para muita gente, ser excluído da comunhão e da aceitação daquela comunidade era considerado um destino mais cruel do que a morte. Na verdade, as Escrituras nos dizem que determinados fariseus que desejavam muito crer em Jesus tinham medo de tornar pública essa aceitação porque achavam que sofreriam o mesmo tipo de rejeição. O Evangelho de João também nos revela que Cristo foi rejeitado pelos próprios irmãos.

Se você nunca passou pela experiência da rejeição, pode agora estar se perguntando se a palavra "sofrimento" não é forte demais para classificar esse sentimento. No entanto, se já sofreu com a rejeição por parte de alguma pessoa amada, certamente concordará que poucas coisas são mais dolorosas.

A rejeição — tanto a que vem de fora quanto a que podemos sentir a nosso respeito — não é uma fortaleza. É nossa reação a ela que determina se nos tornaremos ou não seus escravos. Só Deus sabe quantos de seus filhos se permitiram ser aprisionados por sentimentos contínuos de rejeição pelo resto de suas vidas. Não estou tentando sugerir que superar a rejeição é uma tarefa fácil, mas também não é impossível. É preciso que a pessoa concentre o coração e a *mente* nesse objetivo para que possa ser alcançado.

Esse é o tema desse livro. Se você é um filho ou uma filha de Deus, o desejo inquestionável do Senhor para sua vida é a vitória sobre a rejeição. E como podemos superar a rejeição? Aplicando altas doses diárias do amor de Deus ao nosso coração ferido, e permitindo ao Senhor que renove nossa mente até que a rejeição seja substituída por *aceitação*.

Jesus Cristo nunca deixa ou abandona seus filhos. Ele jamais nos rejeitará. Não há risco de ele decidir, de uma hora para a outra, não querer mais nos amar. Se você recebeu o Filho de Deus como seu Salvador, nada que faça poderá provocar a rejeição do Senhor em relação à sua vida. Creia no que a Palavra de Deus diz sobre o Senhor e sobre *você*. É o amor e a aceitação do Criador e Mantenedor do universo que nos define. Acontece que ele nos considera dignos de seu amor... e de seu cuidado. Descubra sua identidade nele.

Sofri muito, mas também me alegrei demais quando vi uma pessoa que conheço lidar de maneira vitoriosa com a questão da rejeição. Tanto ela quanto o marido eram membros ativos de uma igreja situada em outra cidade. Estavam casados havia 25 anos quando ela ficou sabendo que ele tinha um caso extraconjugal. Até então, não se tinha notícias de que ele fora infiel, mas permitira que Satanás confundisse uma amizade com um relacionamento ilícito.

Para complicar ainda mais a situação, o marido confessou, em lágrimas, que estava apaixonado pela outra mulher. Minha amiga ficou arrasada — e não foi por apenas alguns dias ou semanas, mas durante meses. O marido concordou em não iniciar um processo de divórcio, mas também não demonstrou disposição de encerrar de vez todo tipo de contato com a amante. A impressão que se tinha era a de que não havia esperança de salvação para aquele casamento.

Minha amiga colocou a vida inteiramente nas mãos de Jesus Cristo, confiando na Palavra de Deus, pois era, como ela mesmo disse, o único recurso com que contava para sobreviver àquela tragédia. Ela era cristã desde a juventude e servia em sua igreja de maneira fiel, mas nunca precisara passar pela experiência de viver na dependência total da Palavra de Deus. A transformação aconteceu diante de meus olhos. Era como se o Senhor estivesse abrindo sua Palavra, tal como fez com o mar Vermelho, e então ela caminhou por aquela trilha de sofrimento com os pés a seco.

Nos quatro anos seguintes, aquele homem viu a esposa ser tomada por tanta força interior e beleza espiritual que voltou a sentir por ela o mesmo amor de antes. Ambos podem dizer que o casamento, hoje em dia, está muito melhor do que já fora em qualquer momento. Não estou querendo dizer que, se todas as mulheres agissem da mesma forma que minha amiga agiu, o resultado seria o mesmo. As duas partes devem demonstrar disposição e paciência para permitir que Deus opere um milagre de cura e perdão.

No entanto, estou sugerindo que a pessoa rejeitada que se volta inteiramente para Deus e para a Palavra do Senhor pode ser restaurada de maneira gloriosa, e receber, em Cristo, aceitação total, não importa o que tenha acontecido. Seja qual for o tipo de rejeição pela qual você tenha passado, meu desejo é de que essas orações baseadas nas Escrituras sejam usadas por Deus para lhe proporcionar muito mais força.

Orações

Senhor Jesus, tu vieste e pregaste a paz àqueles de nós que estávamos longe, assim como aos que estavam perto. Pois é por teu intermédio, Jesus, que ambos temos acesso ao Deus Pai em um Espírito. Conseqüentemente, deixamos de ser estrangeiros ou peregrinos, e sim cidadãos, tal como o povo de Deus, e membros da família do Senhor. Somos edificados sobre o fundamento dos apóstolos e dos profetas, sendo que tu mesmo, Cristo Jesus, és a pedra angular. Em ti, toda a edificação é devidamente ajustada e cresce para se tornar um templo sagrado, dedicado ao Senhor. E, em ti, também nós somos edificados juntos para que sejamos uma habitação para Deus no Espírito Santo (Ef 2:17-22).

Senhor, agradeço-te demais por ser membro de teu povo escolhido, parte de um sacerdócio real, de uma nação santa, de um povo que pertence somente a ti, ó Deus, para que eu possa declarar as virtudes daquele que me tirou das trevas e me transportou para sua luz maravilhosa (1Pd 2:9).

Por causa de teu poderosíssimo nome, Senhor, tu não rejeitarás o teu povo, porque a ti, ó Deus, agradou fazer de nós tua propriedade exclusiva (1Sm 12:22). Louvado seja teu nome maravilhoso!

Agradou a Deus fazer de você parte de seu povo santo. Ele ficou satisfeito com isso! O Senhor não fez isso porque sentiu pena. Também não foi obrigado a tomar essa decisão. Ele escolheu você porque se deleita em sua vida. A vida não foi feita para que passemos por ela sempre no fio da navalha. Você foi criado para prosperar no amor e na aceitação do todo-poderoso Jeová. Quando ele cantar para você, dance!

Senhor Deus, em tua Palavra tu nos apresenta esta questão: "Acaso, pode uma mulher esquecer-se do filho que ainda mama, de sorte que não se compadeça do filho do seu ventre?". No entanto, tenho a garantia de que, mesmo que ela viesse a se esquecer, tu jamais te esquecerias de mim! Tu me gravaste na palma de tuas mãos (Is 49:15-16).

Senhor Deus, assim como teus filhos, os israelitas, foram escolhidos entre todas as nações na face da terra para constituir teu povo, teu tesouro exclusivo, creio que nós, o corpo de Cristo, também fomos escolhidos. Tu não dirigistes tua afeição a teus filhos nem nos escolheu porque fôssemos mais numerosos do que qualquer outro povo da terra. Foi por causa de teu amor por nós que fomos redimidos da escravidão, libertados do poder do inimigo. Ajuda-me a ter a convicção de que tu, Senhor e meu Deus, és Deus. Tu és o Senhor fiel, que guardas a aliança de amor que estabelecestes até mil gerações daqueles que te amam e guardam teus mandamentos (Dt 7:6-9).

Eu te agradeço, meu Deus, que sempre me conduz num desfile de triunfo em Cristo, e por meu intermédio espalha por todos os lugares a fragrância do conhecimento do Salvador. Pois tu me convocaste para ser o bom aroma de Cristo não apenas entre aqueles que são salvos, mas também entre os que estão perecendo (2Co 2:14-15).

Senhor Deus, de acordo com a tua Palavra, o teu Espírito mesmo testifica com o nosso espírito que somos teus filhos. Assim, se somos filhos, então somos herdeiros — herdeiros teus e co-herdeiros com Cristo. Se, de fato, compartilhamos com Jesus seus sofrimentos, do mesmo modo compartilharemos com ele a glória. Ajuda-me a tomar posse dessa verdade: a de que nenhum dos sofrimentos do tempo presente que eu encontre no caminho pode ser comparado à glória que está por vir e ser revelada em mim (Rm 8:16-18).

Senhor Deus, eu te agradeço porque a tua Palavra me garante que não há nenhuma condenação para aqueles que estão em Cristo Jesus, pois foi por meio dele que a lei do Espírito da vida libertou-me da lei do pecado e da morte (Rm 8:1-2).

Senhor Deus, deleito-me na promessa de que tu hás de caminhar na minha frente para endireitar os caminhos tortuosos; destruirás as portas de bronze e despedaçarás as trancas de ferro; e me entregarás tesouros escondidos e riquezas encobertas, guardados em locais secretos, para que eu saiba que és tu, o Senhor, o Deus de Israel, que me chama pelo nome (Is 45:2-3).

Deus Pai, peço-te que me guies quando eu andar às cegas por caminhos que jamais conheci; por favor, conduze-me pelas trilhas desconhecidas. Senhor, transforma as trevas em luz diante de meus olhos e aplaina os lugares de solo acidentado. Oro para que realizes essas coisas, pois sei que jamais me deixarás desamparado (Is 42:16).

Mesmo que meu pai e minha mãe venham a me desamparar, sei que tu, ó Senhor, me acolherás (Sl 27:10).

Senhor Deus, desejo usar palavras como as que Moisés usou quando falou a teu antigo povo: ajuda-me a não temer; capacita-me a permanecer firme de modo que eu possa ver o livramento que tu, Senhor, hás de me proporcionar ainda hoje. Tu, ó Deus, pelejará a meu favor. Ajuda-me apenas a esperar em mansidão (Êx 14:13-14).

Eu te louvo, Senhor, com toda a minha alma, e o meu desejo é nunca esquecer nem um só de teus benefícios. Tu, ó Deus, és aquele que perdoa todos os meus pecados e cura minhas enfermidades; o que redime a minha vida da cova e me coroa com o amor e a misericórdia; o que cumpre os desejos de meu coração com coisas tão boas que minha juventude se renova como a da águia. Tu, Senhor, operas a justiça e a eqüidade em nome de todos os que se acham em opressão (Sl 103:2-6).

Deus Pai, faz de mim uma pessoa forte e corajosa. Ajuda-me a não demonstrar medo ou temor diante de nada e de ninguém, pois tu, o Senhor meu Deus, irás comigo. Tu nunca me deixarás, nem me desampararás (Dt 31:6).

Senhor, como te agradeço pela segurança que tenho de saber que tu não rejeitarás teu povo; tu nunca desampararás a tua herança (Sl 94:14).

Meu Senhor, tu és um refúgio para aqueles que se acham sob opressão, um forte refúgio em tempos de tribulação. Aqueles que conhecem teu nome confiarão em ti, pois tu, Senhor, jamais desamparaste os que buscam a tua face (Sl 9:9-10). Ó Senhor, eu conheço o teu nome. Por favor, aumenta cada vez mais minha confiança em ti.

Tu, porém, ó Senhor, atentas às tribulações e aflições. Tu levas isso em consideração e tomas essas coisas em tuas mãos. O desemparado entrega a vida a ti; tu és o defensor do órfão (Sl 10:14). Ó Deus, ajuda-me a compreender que não sou mais uma vítima da rejeição ou do abuso de ninguém quando entrego minha vida a ti de forma integral. Faz de mim um vencedor, Senhor Jesus!

"Em certo sentido, somos todos, de alguma forma, proscritos até conhecermos o Senhor. Vivemos sedentos por pessoas que sejam capazes de nos amar e aceitar. Bebemos de muitas fontes na tentativa de satisfazer nossos anseios, mas chega um momento no qual cansamos de puxar sempre água do poço a fim de saciar nossas necessidades. Todos nos perguntamos: 'Será que não existe ninguém capaz de me oferecer água sem me usar ou exigir que eu passe por situações constrangedoras ou difíceis? Será que não há uma pessoa sequer que me amará apenas pelo que sou?'. É então que Jesus aparece, em pleno sol de meio-dia."

Cynthia Heald, em *A Woman's Journey to the Heart of God*[1]

O perverso fica à espreita do justo com o propósito de lhe tirar a vida; tu, porém, Senhor, não deixará o que vive em retidão à

[1] Ed. bras.: *A jornada de uma mulher ao coração de Deus*. São Paulo, Candeia, 1999.

mercê do poder do homem mau, nem o condenará quando ele for julgado. A tua instrução para mim é esta: esperar por ti e manter-me em teus caminhos. Tu hás de me exaltar para que eu possa herdar a terra; quando os perversos forem exterminados, serei testemunha disso (Sl 37:32-34).

Pai, antes que teu filho fosse julgado e crucificado, ele abriu seu coração em uma profunda oração de intercessão por nós. Jesus deseja que aqueles que o deste estejam com ele onde ele está, e que vejam sua glória, a glória que tu o deste porque o amaste antes da criação do mundo. Pai de justiça, embora o mundo não conheça a ti, Jesus te conhece, e compreendemos que tu o enviaste. Senhor Deus, teu Filho veio para fazer-te conhecido por mim e continuará espalhando o conhecimento a teu respeito de modo que o amor que tens por ele esteja em nós, e o próprio Jesus também esteja (Jo 17:24-26). Pai, de acordo com tua Palavra, tu dás a teu Filho aquilo que ele pede. Por isso, eu te agradeço por fazer-te conhecido a mim e por me receber, de modo que agora estou em ti. Não importa se hei de enfrentar a rejeição do mundo à minha volta, sou bem-vindo para habitar no Criador dos céus e da terra, no Filho perfeito do altíssimo Deus.

Senhor Deus, se eu me sentir odiado pelo mundo, basta me lembrar do que tu me dizes em tua Palavra: esse mesmo mundo te odiou primeiro. Tu me mostras que, se eu pertencesse ao mundo, ele me amaria como se eu fosse dele. Só que eu não pertenço ao mundo, mas a ti, grandioso e magnífico Deus, que me escolheste e tiraste dele. É por essa razão que o mundo me odeia. Ajuda-me a lembrar sempre das palavras que tu nos deste a respeito desse assunto: "Não é o servo maior do que seu senhor". Se foram capazes de te perseguir, também perseguirão a mim.

Se obedeceram aos teus ensinamentos, então obedecerão também aos ensinamentos de teus discípulos (Jo 15:18-20).

Meu Salvador, Jesus Cristo, por mais inimaginável que isso possa parecer, quando somos obedientes a ti, tu nos chamas de "amigos". O teu desejo é o de me fazer conhecer tudo quanto ouves do Pai! Não fui eu quem te escolhi, mas tu me escolheste e me designaste para que eu vá e dê fruto, e um fruto duradouro. Aí então o Pai me dará tudo quanto eu pedir em teu nome (Jo 15:13-16). Faz que teu coração seja desenvolvido em mim, Jesus, de modo que eu possa aprender a apresentar minhas petições a Deus em teu grande nome. Ajuda-me também a ter sempre em mente que tu me escolheste, por isso jamais devo me sentir abandonado.

"'No ano da morte do rei Uzias, eu vi o Senhor...' (Is 6:1). A história de nossa alma com Deus é, com freqüência, a história da *morte do herói*. Repetidas vezes, Deus precisa nos tirar amigos para que possa ocupar o lugar que lhe é de direito, e é nesse ponto que desfalecemos, fracassamos e perdemos a motivação. Faça a si esta pergunta: "No ano em que morreu aquela pessoa que ocupava o lugar de Deus em minha vida, eu desisti de tudo? Fiquei doente ou abatido? Ou foi então que vi o Senhor?"

Oswald Chambers, em *My Utmost for His Highest*

Senhor Jesus, tu disseste que a pessoa que te ama obedecerá aos teus ensinamentos. Tu também garantiste que o Pai amará essa pessoa, ambos virão a ela e passarão a habitá-la (Jo 14:23). Ó Senhor, oro para que tanto o Deus Filho quanto o Deus Pai habitem de maneira plena e rica em minha vida, por intermédio de teu Espírito Santo. Faz de meu coração tua morada, Senhor Jesus.

Senhor Jesus, tu rogaste ao Pai que me desse um Consolador que estaria comigo para sempre: o Espírito da verdade. O mundo não pode aceitar o Espírito Santo porque não consegue vê-lo nem o conhece. Mas eu o conheço, pois ele vive comigo e dentro de meu ser. Embora o mundo não te veja mais, posso te ver por meio da obra de teu Santo Espírito. Porque tu vives, eu também vivo. Ajuda-me a ver que tu, Jesus, estás no Pai, e que eu estou em ti, e que tu estás em mim (Jo 14:15-20).

Jesus, ensina-me a não permitir que meu coração seja perturbado. Ajuda-me a confiar no Pai e também em ti. Na casa do Senhor há muitas moradas; se não fosse assim, tu me terias dito. Tu foste até lá para me preparar um lugar. Com toda a certeza, um dia tu hás de voltar e me levar para estar contigo, e assim também poderei habitar nesse mesmo lugar onde estás (Jo 14:1-3).

Senhor Jesus, tu prometeste que o Espírito Santo, que o Pai enviou em teu nome, ensinaria a teus discípulos todas as coisas e lembraria a todos quantos te seguem tudo o que disseste em tua Palavra. Tu me deixaste a paz; tu me deste tua paz. Tu não a dás da mesma maneira que o mundo faz. Meu coração não precisa se perturbar ou temer (Jo 14:26-27).

Porque tu, soberano Senhor, me ajudas, não cairei em desgraça. Por isso, ajuda-me a tornar meu rosto firme como uma pedra, e sei que não serei envergonhado. Aquele que me justifica está perto. Quem, então, apresentará acusações contra mim? Vamos nos olhar frente a frente! Quem é meu acusador? Permita que ele me confronte! É o Senhor soberano quem me ajuda. Quem é aquele que tentará me condenar? Todos eles serão destruídos como uma roupa; as traças os devorarão (Is 50:7-9).

Desde os tempos mais antigos, ninguém jamais ouviu, nem com ouvidos se percebeu, nenhum olho conseguiu ver outro Deus além de ti, que ages em favor daqueles que esperam em ti. Tu vens para socorrer aqueles que praticam a justiça com alegria, que se lembram de teus caminhos (Is 64:4-5). Ó Senhor, por favor, dá-me o poder de viver de modo obediente, por meio de teu Espírito Santo, e assim tu possas agir com toda a liberdade a meu favor. Faz mais do que eu seja capaz de ver, ouvir ou mesmo imaginar, Senhor Jesus!

Jesus, meu Salvador, o Espírito do Senhor soberano está sobre ti, pois ele te ungiu para pregar boas-novas aos pobres. Ele te enviou para restaurar os quebrantados de coração; para proclamar liberdade aos cativos e libertação das trevas para os que são prisioneiros; para proclamar o ano do favor do Senhor e o dia da vingança de nosso Deus; para consolar a todos quantos choram; e para ministrar sobre aqueles que se lamentam em Sião. Sobre eles será colocada uma coroa de beleza, em vez de cinzas; o óleo da alegria, em vez do pranto; e vestes de louvor, em vez de um espírito angustiado. Aqueles que receberem isso serão chamados carvalhos de justiça, plantados pelo Senhor para que seu esplendor seja manifestado. Reconstruiremos a partir das antigas ruínas e restauraremos os lugares há muito tempo devastados; renovaremos as cidades destruídas, assoladas durante várias gerações (Is 61:1-4). Senhor Jesus, tu estás disposto e tens o poder para ministrar sobre minha vida. Dá-me um espírito humilde e cooperador para que eu receba tua ministração incomparável e libertadora.

Senhor, tenho ouvido a calúnia de muitas pessoas. Há momentos nos quais percebo que estou cercado pelo terror. Às vezes, sinto que os outros conspiram contra mim e que o inimigo planeja tirar-me a vida. Mas confio em ti, ó Senhor. Eu digo: "Tu és o meu Deus". Todos os meus dias estão em tuas mãos; livra-me de meus inimigos e daqueles que me perseguem. Permite que teu rosto brilhe sobre mim; salva-me com teu amor infalível (Sl 31:13-16).

Deus de misericórdia e compaixão, até meu amigo mais chegado, em quem eu confiava, com o qual compartilhava meu pão, levantou contra mim seu calcanhar. Mas peço a ti, ó Senhor, que tenhas misericórdia de mim; ergue-me. Dá-me poder para viver uma vida que te agrade, e meu inimigo não será capaz de triunfar sobre mim. Senhor, como uma pessoa que crê no Novo Testamento, rogo que tu me sustentes em *tua* integridade, em vez da minha, e que me coloques diante de tua presença para sempre (Sl 41:9-12).

Tu és minha lâmpada, ó Senhor; meu Deus transforma minhas trevas em luz. Com tua ajuda, sou capaz de avançar contra um exército; com meu Deus, posso passar por cima de altos muros. Meu Senhor, teu caminho é perfeito, e tua palavra é infalível. Tu és um escudo para todos aqueles que em ti buscam refúgio. Pois quem além de ti, Senhor, é Deus? E quem é a Rocha, senão meu Senhor? És tu, Pai, quem me preparas para a guerra, proporcionando-me força e fazendo que meu caminho esteja desimpedido. Fazes de meus pés como os da corça; tu és aquele que me capacita para subir às alturas com firmeza. Treinas-me as mãos para a batalha; meus braços são capazes de curvar um arco de bronze. Tu me dás teu escudo de vitória, e te inclinas para me tornar grande. Ampliaste a trilha sob meus pés, de modo que meus pés não se torcem (2Sm 22:29-37).

Tu, Senhor, és meu Pastor; nunca passarei por necessidade. Tu me fazes repousar sobre pastos verdejantes; guias-me até o local das águas tranqüilas; restauras-me a alma. Tu me conduzes em trilhas de justiça por amor de teu nome. Embora eu caminhe através do vale da sombra da morte, não terei medo de nada, pois tu estás sempre comigo; a tua vara e o teu cajado servem para me confortar. Tu preparas uma mesa diante de mim, e na presença de meus inimigos. Sou ungido com óleo que tu derramas sobre minha cabeça; minha taça transborda. Com certeza, a bondade e o amor me seguirão por todos os dias de minha vida, e habitarei na casa do Senhor para sempre (Sl 23:1-6).

Pois no dia da tribulação tu hás de me manter a salvo dentro de tua habitação; tu me esconderás sob o abrigo de teu tabernáculo e me colocarás num lugar elevado, sobre uma rocha. Aí então minha cabeça será exaltada acima dos inimigos que me cercam. Em teu tabernáculo, apresentarei sacrifícios sob gritos de alegria; cantarei e comporei músicas ao Senhor (Sl 27:5-6).

"Deixado sozinho! Que sensações tão diversas essas palavras evocam a cada um de nós. Para alguns, elas sugerem solidão e desolação; para outros, descanso e quietude. Ser deixado sozinho *sem Deus* seria ruim demais para ser expresso em palavras, mas ser deixado sozinho *com Deus* é um ensaio para o céu! [...] Os maiores milagres de Elias e Eliseu aconteceram quando estavam sozinhos com o Senhor."

Charles E. Cowman, em *Streams in the Desert*[2]

Eu te busco, Senhor, e tu hás de me responder; tu me livrarás de todos os meus temores (Sl 34:4).

[2] Ed. bras.: *Mananciais no deserto*. Venda Nova, Betânia, 1986.

Senhor Deus, tua Palavra afirma que tu amas o justo e não desampararás aqueles que te são fiéis. Eles serão protegidos para sempre (Sl 37:28). Minha justificação se encontra em teu Filho, meu Salvador, Jesus Cristo (Rm 8:30). Ele é fiel mesmo quando eu não consigo ser (2Tm 2:13). Obrigado, Pai, porque tenho certeza absoluta de que tu nunca me deixarás nem me abandonarás, pois estou em Jesus (Hb 13:5).

Senhor Deus, teu coração é tão cheio de ternura. Tu colocas aquele que vive solitário no seio de uma família. Tu conduzes os que estão cativos em louvor. Os rebeldes, porém, vivem numa terra estéril (Sl 68:6).

Meu fidelíssimo Deus, aquele que é o mesmo ontem, hoje e sempre (Hb 13:8), sê para mim o que tu foste para Abrão: meu escudo e meu tão grande galardão (Gn 15:1).

Senhor, creio que, em relação a teus filhos hoje em dia, tens o mesmo sentimento no coração que tivestes com Israel, teu povo. Acredito que tu também nos chama dos lugares mais remotos da terra; de todas as extremidades nos convocas. Tu disseste: "Tu és o meu servo, eu te escolhi e não te rejeitei, não temas, porque eu sou contigo; não te assombres, porque eu sou o teu Deus; eu te fortaleço, e te ajudo, e te sustento com a minha destra fiel". Por causa de ti, Senhor, um dia hei de procurar por meus inimigos e não os encontrarei. Aqueles que se levantam em guerra contra mim serão reduzidos a nada. Porque tu és o Senhor, meu Deus, aquele que me segura pela mão direita e me diz: "Não temas, que eu te ajudo" (Is 41:9-13).

Salvador misericordioso, de acordo com o que diz a tua Palavra, sou uma pessoa abençoada quando as pessoas me odeiam, quando elas me excluem, insultam e rejeitam como se eu fosse um mal, e o fazem por causa de ti, o Filho do Homem. Tua

Palavra diz que isso deve ser, para mim, motivo de júbilo e exultação, pois grande é minha recompensa no céu. Foi também desse modo que os ancestrais dessas pessoas trataram os profetas de Deus (Lc 6:22-23).

Senhor Jesus, assim como teus sofrimentos se manifestam em grande medida a nosso favor, nosso consolo também transborda por meio de ti (2Co 1:5).

Senhor Deus, sofro pressões vindas de todos os lados, mas não me sinto em angústia; em minha perplexidade, não dou espaço para o desespero; apesar da perseguição, sei que tu não me abandonas; mesmo quando algo me abate, não consegue me destruir. Sempre levo em meu corpo a morte de teu Filho Jesus, de modo que a vida dele também possa ser manifestada em mim (2Co 4:8-10). Senhor, ajuda-me a lembrar sempre disto: aqueles que, de fato, foram crucificados com Cristo, também com ele experimentaram a ressurreição! Ajuda-me também a nunca esquecer que o propósito de uma vida crucificada é seguir no poder de tua ressurreição (Gl 2:19).

Querido Senhor, por que estou sempre me surpreendendo com as provações dolorosas pelas quais passo, como se algo estranho estivesse acontecendo comigo? Ajuda-me a regozijar no fato de eu ser participante dos sofrimentos de Cristo, de modo que eu possa exultar quando tua glória for revelada. Se me sinto alvo de insultos por causa do nome de teu Filho Jesus, então sou uma pessoa abençoada, pois o Espírito da glória e de Deus habita em mim (1Pd 4:12-14).

Tu és um Deus misericordioso, meu Senhor e meu Deus; não me abandonarás nem destruirás, assim como não te esquecerás da aliança que estabeleceste com meus ancestrais espirituais, a qual confirmastes a eles por meio de juramento (Dt 4:31). Eu pertenço a Cristo, portanto também faço parte da descendência de Abraão e sou herdeiro, de acordo com a promessa (Gl 3:29). Assim como Isaque, sou filho da promessa (Gl 4:28).

Tu, Senhor, declaraste que conheces os planos que traçaste para mim. Teus planos são de me fazer prosperar, e não de me prejudicar; são planos de esperança e futuro. Por causa de todas as coisas que realizaste em minha vida por intermédio de teu Filho Jesus, tu me ouves todas as vezes em que clamo por ti e ergo minha voz em oração. Eu te buscarei e te acharei quando te buscar de todo o meu coração. Tu declaraste: "Serei achado de vós". Tu me resgatarás do cativeiro (Jr 29:11-14).

Tu, meu Defensor poderoso, defendes a causa do órfão e da viúva, e amas o estrangeiro, dando-lhe o que comer e vestir (Dt 10:18).

Tu jamais retirarás de mim o teu amor. Tu nunca trairás tua fidelidade, ó Senhor. A tua aliança não será violada, assim como as coisas que proferires com teus lábios não serão alteradas (Sl 89:33-34).

O Criador de minha vida é meu esposo — o Senhor Todo-poderoso é seu nome. O Santo de Israel é meu Redentor. Tu és chamado de "Deus de toda a terra". Tu, Senhor, me chamarás de volta como se eu fosse uma esposa abandonada e desamparada de espírito — uma mulher que casou ainda jovem, mas acabou sendo repudiada. Com grande compaixão, tu me chamarás de volta. Tu podes me castigar, mas com bondade eterna também te compadecerás de mim (Is 54:5-8). Obrigado, Senhor.

Um de nós pode expulsar mil, pois tu, o Senhor nosso Deus, luta a nosso favor, tal como nos prometeu. Deus fiel, ajuda-me a cuidar de minha alma para que possa sempre te amar, Senhor meu Deus (Js 23:10-11).

Como te agradeço, Senhor, porque tu tens o poder de transformar todo tipo de maldição em bênção para minha vida. Isso acontece porque tu, Senhor meu Deus, me amas (Dt 23:5).

Os passos daquele que crê são dados em processo de mudança constante. Os dedos vão sendo esfolados de modo doloroso, um de cada vez, enquanto se afastam da mesmice. E o processo é contínuo. Há grande sabedoria em libertar as pessoas que nos acompanham nessa jornada... por mais queridas que nos sejam. Com as mãos livres, ficamos à vontade para abraçar Aquele que nunca mudará, e encontraremos coragem para deixar aos cuidados dele todos os que sempre mudarão.

---

capítulo quatro

Como derrotar o vício

O vício é um dos jugos mais cruéis que alguém pode colocar sobre si, pois ele nos engana sem piedade e de modo implacável. Ele chega na vida da pessoa como se fosse um amigo, prometendo proporcionar conforto. Oferece um beijo na face, tal como fez Judas, roubando de nosso tesouro e, em seguida, aluga nosso corpo por ninharia para o inimigo de nossa vida. O vício é um jugo que nos convence de que devemos carregá-lo como única maneira de sobreviver. Nada nos faz sentir mais impotentes do que ele. Não há mestre profano mais inflexível e ditador do que ele.

Inúmeras pessoas, mesmo algumas que pertencem à nossa família na fé, chegaram à conclusão de que não há esperança para elas: consideram-se incapazes de alcançar vitória sobre esse monstro implacável. Depois de muitos fracassos — tantos que já perderam a conta —, muitos cristãos aceitam essa derrota terrena como se fosse compulsória e esperam por uma liberdade que, acreditam, só conseguirão encontrar quando chegarem ao céu. O acusador dos irmãos vive jogando na cara deles a lista de fracassos por que passaram e os convence de que são incapazes de acabar com o triste ciclo do vício, que os leva a sentir repugnância por si mesmos.

Não importa se seus vícios estão ligados a algum tipo de substância ou comportamento, Deus pode libertar sua vida. O que requer de você é *tempo*, *confiança* e *cooperação*. O grande poder de um vício raramente é vencido de um dia para o outro. Veja bem, Deus tem tanto para nos ensinar quanto tem para nos mostrar. Ele poderia demonstrar seu poder em nossa vida promovendo uma libertação instantânea de todo tipo de desejo provocado por essa fortaleza espiritual.

No entanto, o Senhor freqüentemente escolhe outro processo: ele nos ensina a caminhar ao seu lado e depender dele a cada dia. Poucas coisas além de nossa salvação são "de uma vez por todas". Se ele nos libertasse instantaneamente, estaríamos diante da grandiosidade de seu poder por apenas uma vez, mas logo nos esqueceríamos dela... e então correríamos o risco de voltar à mesma escravidão.

Vendo a questão pelo ângulo oposto, se Deus nos ensina a alcançar vitória em Cristo Jesus dia após dia, passamos a viver o tempo todo atentos à sua grandeza e à sua suficiência. Lições difíceis costumam durar bastante tempo. Nunca esqueça de que Deus está muito mais interessado em que conheçamos o Libertador do que apenas em nossa libertação.

Comece a se ver como aquele jovem pastor de ovelhas chamado Davi, quando ele ousou enfrentar o gigante Golias. Davi não era cego. Ele tinha plena consciência do tamanho de seu oponente, que era mesmo enorme. Qual era o segredo de sua coragem? Davi sabia que Golias não era apenas seu inimigo. Muito mais importante do que isso era o fato de o gigante ser inimigo de Deus!

Bem antes de o apóstolo Paulo ser inspirado a escrever o livro de Romanos, especialmente o versículo 31 do capítulo 8, Davi ousou acreditar naquele desafio: "Se Deus é por nós, quem será contra nós?". Quando o jovem pastor viu o campeão do povo filisteu, que era de Gate, se posicionar à frente de seu exército e falar "as mesmas coisas que antes falara", desafiando o povo de Deus em voz alta, perguntou: "Quem é, pois, esse incircunciso filisteu, para afrontar os exércitos do Deus vivo?".

Não importa por quanto tempo seu vício tem lançado gritos desafiadores diante de suas iniciativas para derrotá-lo: conscientize-se de que seu inimigo também é inimigo de Deus. Ele é um meio pelo qual o próprio Satanás tenta provocar o exército do Deus vivo. Rogue a Deus para que ele se levante em ira contra o inimigo que tenta escravizar sua vida, e combata o Diabo em seu favor, conquistando uma vingança santa.

É claro que o Senhor poderia lutar sozinho nessa batalha. Ele, de fato, não precisa de sua ajuda. No entanto, Deus possui a prerrogativa de nos envolver em nossas próprias vitórias, por isso esteja pronto para lutar. A vitória sobre o vício pode ser a batalha mais importante e difícil de sua vida. Contudo, ela também será a mais gratificante e libertadora de todas. Será a história de sua vitória sobre Golias, da qual poderá se orgulhar até o fim de seus dias.

Conscientize-se de que o desejo inquestionável de Deus é libertar você desse jugo, mas confie também que ele já prescreveu as medidas necessárias para resolver o seu caso e promover sua libertação. Você se lembra de quando o rei Saul ofereceu a Davi que vestisse sua armadura quando fosse enfrentar o gigante Golias?

> Saul vestiu a Davi da sua armadura, e lhe pôs sobre a cabeça um capacete de bronze, e o vestiu de uma couraça. Davi cingiu a espada sobre a armadura e experimentou andar, pois jamais a havia usado [...] E Davi tirou aquilo de sobre si. Tomou o seu cajado na mão, e escolheu para si cinco

pedras lisas do ribeiro, e as pôs no alforje de pastor, que trazia, a saber, no surrão; e, lançando mão da sua funda, foi-se chegando ao filisteu.

1Samuel 17:38-40

Deus pode ter usado um método para libertar outra pessoa que não funcionaria tão bem se fosse com você. É possível que o sucesso dos outros tenha produzido sobre você apenas o efeito de tornar ainda mais grave sua falta de motivação e o ódio que nutre contra si. Não permita que o inimigo use jogos mentais contra você. A força de Deus cabe exatamente no espaço de nossas fraquezas. Em momento algum somos mais fortes do que naquele em que admitimos que somos fracos. Busque a Deus de modo diligente e peça a ele que lhe mostre o caminho para a vitória.

Use as orações baseadas nas Escrituras junto com qualquer outro plano que ele tenha mostrado para você. Tenho uma amiga muito querida que atualmente está usando as orações bíblicas como parte de um programa de doze passos ao qual está se submetendo. Tenho outra amiga que passou a usar essas orações no grupo de apoio que ela lidera. Pergunte a Deus como ele deseja usar as orações baseadas nas Escrituras em sua jornada rumo à liberdade. O modo como Deus aplicará a verdade divina sobre sua vida é uma prerrogativa dele. Quando se trata de liberdade, tornar-se uma pessoa legalista não passa de uma contradição.

Sem nenhuma sombra de dúvida, algumas das pessoas de fé a quem mais respeito são aquelas que permitiram que Deus as libertasse da fortaleza sufocante do vício. Um de meus heróis na fé é um editor que foi designado para trabalhar comigo no segundo estudo bíblico que escrevi. Eu não tinha a menor idéia de como Dale McClesckey causaria um impacto tão grande em minha vida, e como Deus o usaria para enriquecer meu texto.

Ele tinha um dom singular, concedido pelo Espírito Santo, de conciliar inteligência e sabedoria. Depois de nosso primeiro trabalho conjunto, passei a requisitá-lo para todos os projetos seguintes. Ele tem sido o "fiscal da graça" de meu ministério literário, corrigindo minha rota quando estou caminhando na direção do legalismo. Somos parceiros na grande causa da "graça e verdade", que vem por meio de Jesus Cristo (Jo 1:17). Graças a Deus que nosso Salvador veio a este mundo trazendo as duas coisas, pois onde estaríamos agora se dispuséssemos de apenas uma ou outra?

Dale, meu amigo querido e colaborador no evangelho, presenteou-me com a maioria dos trechos das Escrituras que depois reescrevi na forma de orações. Sim, ele é o que se costuma chamar de um "alcoólico em recuperação", embora esteja vivendo de maneira vitoriosa há muitos anos e sirva a seu Libertador com grande paixão. Eu também estou em recuperação permanente por causa das ruínas provocadas por minha natureza pecaminosa.

Que Deus possa usar as orações bíblicas deste livro de maneira poderosa em sua vida. Que ele possa capacitar você, servo ou serva do Senhor, a proclamar sua Palavra "com toda a intrepidez", e que estenda sua mão para curar e operar sinais miraculosos e maravilhas por intermédio de seu santo Servo Jesus (At 4:29-30).

Seja persistente e paciente, filho ou filha de Deus. Se você cair, não dê ouvidos às acusações e às zombarias do inimigo. Fique de pé novamente e caminhe com Deus. Quantas vezes? Até você sentir que alcançou a libertação.

Vícios relacionados à comida

É um grande alívio saber que nunca teremos de enfrentar nenhuma batalha que esteja fora da jurisdição de Deus. Ele é capaz de derrotar seus opositores tanto sobre o monte Carmelo quanto sobre o monte Sião. Tudo é território do Senhor. O mesmo vale quando se trata de nossas batalhas pessoais. Deus nos criou para sermos criaturas plenas, compostas de corpo, alma e espírito. Enquanto olharmos para Deus como Senhor apenas de nosso espírito, continuaremos correndo o risco de sermos derrotados.

Com a mesma certeza de que Deus é Senhor de nosso espírito, ele também o é em relação à nossa alma e ao nosso corpo. Os três são território dele. Dê uma olhada em 1Tessalonicenses 5:23-24: "O mesmo Deus da paz vos santifique em tudo; e o vosso espírito, alma e corpo sejam conservados íntegros e irrepreensíveis na vinda de nosso Senhor Jesus Cristo. Fiel é o que vos chama, o qual também o fará".

Antes de qualquer outra coisa, por favor, celebre o fato glorioso de que *o próprio* Deus trabalha em você e por meio de você. Ele não só incumbiu um grande anjo de cuidar de sua vida. O Senhor está absolutamente interessado e totalmente envolvido em cada uma das partes que compõem você: o corpo, a alma e o espírito.

Por apenas alguns momentos, vamos tentar nos imaginar como se fôssemos triângulos. Imagine que cada ponta do triângulo tem um nome: corpo, alma e espírito. Se o triângulo estiver acomodado sobre sua base, isso quer dizer que somente uma das pontas está voltada para cima. Agora imagine que essa ponta seja a que exerce controle sobre sua vida.

Por exemplo, quando é apresentada de modo distinto do espírito, como em 1Tessalonicenses 5:23, a alma representa a base de nossas emoções e de nossa personalidade. Se ela está na ponta de cima, em posição de autoridade, então a pessoa é orientada por seus sentimentos e por sua personalidade. Todos sabemos que tipo de encrenca acontece quando estamos sob esse tipo de autoridade! Nossos sentimentos e nossa personalidade nos foram dados por Deus, mas não devem exercer controle sobre nós.

Agora imagine que o corpo esteja na ponta voltada para cima, orientando as ações desse triângulo. Ninguém precisa ser gênio para imaginar o que pode acontecer, pois todos já passamos por isso: os apetites da carne, os impulsos físicos e os hábitos tomam conta de tudo. Os *apetites* assumem o comando. Nosso corpo físico é um dom de Deus, com toda a certeza, criado "por modo assombrosamente maravilhoso"; quando, porém, a carne passa a nos controlar, o resultado é escravidão. Compreenda também que uma área exerce grande influência sobre as outras. Como você sabe, nossos sentimentos podem orientar os apetites físicos, assim como nossos apetites físicos podem orientar os sentimentos.

Antes de começarmos a ver as orações baseadas nas Escrituras, gostaria que você analisasse mais uma verdade importante presente em 1Tessalonicenses 5:24. Graças a Deus porque a Palavra afirma: "Fiel é o que vos chama, o qual também o fará". Eu e você *não conseguimos* manter o corpo e a alma sob controle o tempo todo. Pare de tentar fazer tudo por conta própria e se garantir em sua força. É inútil. Podemos até fazer que isso funcione por pouco tempo, mas o fracasso será inevitável. E quanto ele vier, causará muita destruição.

Ah, quer dizer que você está a ponto de desistir? Isso é bom. Entregue-se a Deus, à autoridade de seu Espírito Santo. Gálatas 5:22 e 2Timóteo 1:7 nos dizem que a autodisciplina é uma obra e uma característica do fruto do *Espírito*. Pare de se sentir culpada porque não tem nenhuma autodisciplina. As pessoas que a cercam também não possuem. Nenhum de nós pode exercer controle total sobre si. Alguns jugos podem ser mais óbvios que outros, mas todos nós carregamos um. Deus é o único que pode santificar e proporcionar plenitude a tudo o que há em nós. E ele o fará. Tudo o que ele precisa é de sua confiança, sua fé e algum tempo.

Comer demais ou de menos de modo compulsivo, a anorexia e a bulimia são fortalezas relacionadas à comida. Não importa por quanto tempo elas tenham feito um cristão cativo, essa pessoa pode ser libertada. Você nunca precisa ficar conjecturando se a vontade de Deus é ou não vê-la livre dessas fortalezas. A resposta é "sim", por isso comece a orar confiantemente para que o Senhor faça a vontade dele em sua vida.

Mais uma vez, lembre-se de que o método por meio do qual Deus vai operar a verdade para promover sua libertação é uma prerrogativa dele. Você pode usar as orações bíblicas junto com qualquer método que o Senhor mostrar ser eficaz em sua vida.

Orações

Deus, sou imensamente grata porque meu Pai celestial é o Deus soberano que criou os céus e a terra com seu grande poder e com seu braço estendido. Nada é difícil para ti, Senhor (Jr 32:17).

Eu confesso a ti que me sinto pressionada ao ver a tarefa que tenho pela frente, mas sou grata por que tu tens a autoridade sobre todas as coisas. O céu é o teu trono e a terra, apoio para teus pés (Mt 5:35). Por essa razão, tudo o que está sobre minha cabeça também está sob teus pés e tua autoridade.

Pai, tua Palavra alerta que aquele que esconde suas trangressões não prospera, mas todos os que confessam os pecados que cometem encontram misericórdia (Pv 28:13). É também tua Palavra que afirma o seguinte: se dissermos que não temos nenhum pecado, estamos enganando apenas a nós mesmos, e a verdade não está em nós (1Jo 1:8). Ajuda-me, meu Senhor! Preciso que tua verdade esteja em mim!

Senhor, eu confesso diante de ti todo o pecado envolvido em meu vício, e agradeço-te porque tu és sempre fiel e justo para me perdoar e me purificar de todo tipo de injustiça (1Jo 1:9).

Ó Senhor, tu me sondaste, por isso me conheces bem. Sabes quando me assento e quando me levanto. Ainda à distância, já sabes de todos os meus pensamentos. Conheces meu jeito de andar e minha maneira de deitar. Todos os meus caminhos te são familiares. Antes que qualquer palavra chegue à minha língua, tu já sabes o que vou dizer. Tu me cercas por todos os lados, seja guardando minha retaguarda, seja indo adiante de mim. Tua mão está colocada sobre minha vida. Não preciso sentir vergonha ou medo pelo fato de me conheceres bem no íntimo, por saberes cada detalhe a meu respeito, pois tua Palavra diz que teu conhecimento a meu respeito é maravilhoso demais! Obrigada, Senhor (Sl 139:1-6).

Ó Senhor, por favor, perdoa-me por eu ter tão pouca consideração por minha vida. Ajuda-me a te render graças porque fui criada de um modo assombrosamente maravilhoso. Tuas obras são admiráveis, e eu sei disso muito bem (Sl 139:14).

Sonda-me, ó Deus, e conhece meu coração. Prova-me e verifica meus pensamentos cheios de angústia. Vê se há dentro de mim alguma coisa ofensiva ou má, e guia-me pelo caminho eterno (Sl 139:23-24).

Deus, segundo afirma tua Palavra, que nunca muda, o orgulho só provoca contendas, mas a sabedoria pode ser encontrada naqueles que buscam bons conselhos (Pv 13:10). Por causa de meu orgulho, Senhor, muitos conflitos já foram causados. Por favor, ajuda-me a ser uma pessoa humilde e receber tua sabedoria!

Embora o próprio Deus nunca tenha pressa em realizar sua vontade na terra, há uma coisa à qual ele dedica urgência: ele se apressa em ajudar seus filhos. No entanto, ele geralmente não intervém até que o filho perdido clame por sua ajuda. Ele corre para atender aos apelos por misericórdia daqueles que caminharam por conta própria e, de repente, se vêem presos em suas próprias armadilhas. Ele não deseja que ninguém pereça, mas espera que nos voltemos a ele por nossa livre e espontânea vontade.

Shawn Craig, em *Between Sundays*

Pai, tua Palavra afirma que a pessoa que caminha com os sábios também se torna sábia, mas o companheiro dos tolos se prejudica (Pv 13:20). Por favor, cerca-me do tipo certo de companhias!

Pai, é também em tua Palavra que encontramos esta afirmação: os tolos zombam dos que desejam se redimir do pecado, mas entre as pessoas justas se encontra boa vontade (Pv 14:9). Por favor, ajuda-me a fazer tudo quanto for necessário para compensar as mágoas que eu tenha causado aos outros.

Senhor, por favor, ajuda-me a ouvir os bons conselhos e aceitar a instrução, e assim serei sábio nos dias que estão por vir (Pv 19:20).

Pai, tua Palavra diz que uma pessoa que não se controla é como uma cidade cujos muros foram derrubados (Pv 25:28).

Às vezes, sinto-me como se houvesse muitos escombros e, por isso, eu acho que não sou capaz de reerguer esse muro (Ne 4:10). Tua Palavra afirma que tu és o Reparador dos muros destruídos, o Restaurador das ruas para que os lugares se tornem habitáveis (Is 58:12). Por favor, apresenta-te a mim dessa maneira e reconstrói os escombros de minha vida.

Deus Pai, por favor, ajuda-me a perdoar qualquer pessoa que tenha me confrontado ou ferido meu coração num esforço para me ajudar a descobrir a plenitude. Tua Palavra diz que a repreensão franca é melhor do que o amor encoberto. Também afirma que podemos confiar nas feridas provocadas pelo gesto amigo, mas um inimigo nos enche de beijos enganosos (Pv 27:5-6).

Pai, de acordo com aquilo que diz tua Palavra, aquele que se farta despreza o favo de mel, mas para o faminto, até as coisas amargas possuem um doce sabor (Pv 27:7). Peço a ti, em nome de Jesus, que torne amargo para minha língua até o mais simples pensamento mau. Restaura em mim o gosto por aquilo que é positivo e bom.

"Assim, como podemos levantar de um tombo? As respostas vão variar de acordo com o motivo e o modo como caímos, mas a fonte será sempre a mesma: Deus e seus preceitos para a vida. É por isso que você precisa se firmar na Palavra de Deus. Precisa tomar a decisão de tirar proveito daquilo que Deus lhe disponibilizou."
Kay Arthur, em *As Silver Refined*

Deus, segundo tua Palavra, bendito é aquele que sempre teme a Deus, mas o que endurece o coração se vê envolvido em problemas (Pv 28:14). Por favor, não permite que meu coração se endureça para as coisas que vêm de ti, Senhor!

Senhor, tua Palavra afirma que aquele que confia na própria força ou capacidade é um tolo, mas o que anda pela trilha da sabedoria estará a salvo (Pv 28:26). Percebo que não posso confiar em mim. Minha segurança está em aprender a confiar em ti. Por favor, ajuda-me!

Ó Senhor, faz que minha alma anele por ti durante a noite, e anseie por ti desde a manhã (Is 26:9). Por favor, substitui esse anelo e esse anseio por tua presença, pois sei que tu podes preencher minha vida! Tu nunca serás um problema para mim!

Ó Senhor, nosso Deus, outros senhores têm exercido poder sobre minha vida, mas é somente a teu nome que eu desejo honrar (Is 26:13). Por favor, ajuda-me a compreender que esse vício tem sido um senhor terrível e destrutivo, arruinando minha vida. Ajuda-me a abandonar essa submissão.

Meu Pai, por favor, ajuda-me a ver o motivo de meu vício como uma cama tão curta que eu não consiga me estender sobre ela, e como um cobertor tão estreito que eu não seja capaz de me cobrir com ele (Is 28:20). Ajuda-me a aceitar a realidade de que esse vício não satisfaz minha vida!

Pai, na condição de alguém que crê em teu Filho, Jesus Cristo, estou debaixo da tua graça, e não sob a lei (Rm 6:14). Por essa razão, o pecado não tem permissão de exercer domínio sobre mim.

Senhor, tua Palavra diz que, quando me ofereço para servir a alguém ou a algo, torno-me uma escrava dessa pessoa ou dessa coisa. Posso ser uma escrava do pecado, que conduz à morte, ou escrava da obediência, que me leva a uma vida de justiça

(Rm 6:16). Ó Pai, desejo, do fundo de meu coração, ser uma escrava da justiça.

Meu Senhor e Criador, confesso a ti que, como todas as pessoas, vivo sob a condição de ser humano, e por isso sou fraca por natureza. Eu costumava oferecer partes de meu corpo para a escravidão da impureza. Também passei pela experiência de ver a natureza da maldade se tornar cada vez mais forte em minha vida (Rm 6:19). Não importa o que eu tenha dito a mim mesma para tentar me convencer, meus vícios só tendem a piorar se eu não puder contar com tua intervenção total. Obrigada, Pai, porque tu podes me libertar, seja qual for a natureza de minha escravidão!

Pai, eu te agradeço desde já porque sei que encontrarei em ti a libertação para esse meu pecado, e posso ser transformada numa serva de Deus, colhendo frutos gloriosos que me conduzem rumo à santidade (Rm 6:22).

Deus, morri para a lei por meio do corpo de Cristo, de modo que agora eu pertenço a outro, ou seja, sou daquele que ressuscitou dentre os mortos. Tu salvaste minha vida para que eu pudesse dar frutos para ti (Rm 7:4). Obrigada desde já, meu Pai, porque tu hás de usar minha vida de tal maneira que ela dará muito fruto!

Meu Deus compassivo, aprendi da maneira mais dura que nada de bom habita em mim, isto é, em minha carne, em minha natureza pecaminosa. Por causa disso, apesar de eu querer fazer o bem que está em mim, não consigo transformar esse desejo em realidade (Rm 7:18). Mas em ti tenho o poder de que preciso! Tu me deste o tesouro do Espírito Santo, que habita neste vaso de barro que é meu corpo, para mostrar que a excelência desse poder vem de ti, e não de mim (2Co 4:7).

Pai de misericórdias, não importa o que eu tenha feito ou por quanto tempo pequei, pois agora já não existe nenhuma condenação para os que estão em Cristo Jesus. Por intermédio do Senhor Jesus, a lei do Espírito da vida me libertou da lei do pecado e da morte (Rm 8:1-2). Aleliua! Ajuda-me a aceitar essa verdade com todo o meu ser!

Senhor, pelo fato de eu ter aceitado a Cristo como meu Salvador, tua Palavra afirma que eu não sou mais controlada pela natureza de pecado, mas pelo Espírito Santo, pois o Espírito de Deus habita em mim. E, se alguém não tem o Espírito de Cristo, essa pessoa não pertence ao Filho de Deus (Rm 8:9).

Pai, de acordo com tua Palavra, a partir do momento que Cristo habita em mim na pessoa do Espírito Santo, meu corpo está morto por causa do pecado, mas o espírito está vivo por causa da justiça (Rm 8:10). E se o Espírito daquele que ressuscitou a Jesus dentre os mortos vive em mim, esse mesmo que ressuscitou a Cristo Jesus dentre os mortos também concederá vida ao meu corpo mortal por meio do seu Espírito, que habita em mim (Rm 8:11).

Deus, apelo para tua Palavra, segundo a qual eu não recebi um espírito de escravidão para viver novamente com medo de me tornar uma escrava, mas recebi o Espírito de adoção. É por ele que posso clamar: Aba, Pai (Rm 8:15). Ajuda-me para que eu nunca me envergonhe de clamar a ti, meu Pai, quando eu for assaltada por um espírito de covardia. Eu sei que esse tipo de temor não vem de ti (2Tm 1:7).

Senhor, não importa que tipo de sofrimento meus vícios tenham me causado — eu te agradeço porque os sofrimentos do tempo presente não podem ser comparados com a glória que está para ser revelada em minha vida (Rm 8:18).

"Se você diz que não há esperança, então está dando ouvidos ao pai da mentira (Jo 8:44). Está diante do ladrão que veio para roubar, matar e destruir (Jo 10:10) — aquele que está determinado a fazer de você uma pessoa fracassada, a lhe impor derrotas em todas as frentes possíveis. A única maneira de vencê-lo, o único modo de acabar com os dardos inflamados que cravam você na estaca da derrota contínua até que as chamas da destruição lhe consumam, é por meio da Palavra de Deus. A Palavra do Senhor é verdadeira, e só ela pode santificar sua vida — separar você para a vitória. Você pode achar que não há nenhuma maneira de se redimir por causa de seu passado. Mas, acredite, se você estiver em Deus, então pode contar com um futuro que não tem nada de sombrio."

Kay Arthur, em *As Silver Refined*

Pai, com base naquilo que diz tua Palavra, podemos ter certeza de que todas as coisas cooperam para o bem daqueles que amam a ti, aquelas pessoas que são chamadas segundo teu propósito (Rm 8:28). Meus vícios não são exceção a essa regra! Por mais difícil que seja para mim compreender o que está acontecendo, tu podes e hás de operar essa mudança radical em minha vida para o bem, desde que eu coopere contigo e passe a me ver como uma pessoa chamada segundo teu propósito.

Pai, que notícia gloriosa é esta: tu já me conhecias de antemão, assim como sabias de minhas lutas, e ainda assim me predestinaste para ser conforme à imagem de teu Filho, de modo que ele seja o primogênito entre muitos irmãos (Rm 8:29).

Deus, como te sou grata porque posso dizer, com absoluta convicção: se Deus é por mim, quem se atreverá a ser contra mim? (Rm 8:31). Como tua filha, ajuda-me a entender, a cada dia de minha vida, que tu estás sempre a meu favor, e nunca contra mim.

Pai, quem pode me separar do amor de Cristo? Será a tribulação, ou a angústia, ou a perseguição, ou a fome, ou a nudez, ou o perigo, ou a espada? Não, nada disso. Em todas estas coisas, sou mais que vencedora por meio daquele que me ama (Rm 8:35,37).

Ó Pai, tua Palavra me diz que toda pessoa que confia em ti nunca será confundida ou envergonhada (Rm 10:11). Como eu me alegro por ter chegado o momento de eu deixar todos os meus motivos de vergonha para trás, no passado!

Pai, tu me exortas, por tua misericórdia absoluta, que eu ofereça meu corpo como sacrifício vivo, santo e agradável a Deus. Esse é meu culto racional. E tu também me dizes que não devo me conformar nem mais um dia com o padrão deste mundo, mas preciso ser transformada pela renovação de minha mente. É deste modo que serei capaz de experimentar e viver de acordo com tua vontade — tua boa, agradável e perfeita vontade (Rm 12:1-2).

Senhor, tua Palavra me exorta a não me deixar vencer pelo mal, mas vencer o mal com o bem (Rm 12:21). Ajuda-me, querido Deus, quando eu estiver me sentindo derrotada pelo mal!

Pai, ajuda-me, pois desejo me revestir do Senhor Jesus Cristo e parar de pensar em maneiras de satisfazer os desejos de minha natureza pecaminosa (Rm 13:14). Preciso desesperadamente de tua ajuda para que eu possa fazer isso, Pai! Ensina-me e ajuda-me!

Pai, de acordo com tua Palavra, não é bom comer carne, nem beber vinho, nem fazer qualquer outra coisa com que possa provocar a queda de um irmão ou uma irmã em Cristo (Rm 14:21). Oro para que tu não apenas me lembre dessa exortação em relação aos outros, mas que também não permitas que as pessoas que estão à minha volta façam coisas que provoquem minha queda!

Meu Deus de paz, eu celebro o fato de que, em breve, tu esmagarás Satanás sob teus pés. A graça de nosso Senhor Jesus está sobre minha vida (Rm 16:20).

Querido Deus, não importa a pessoa que eu já fui — agora fui lavada, santificada e justificada em o nome do Senhor Jesus Cristo e no Espírito do nosso Deus (1Co 6:11).

"Saber uma verdade é apenas a metade da batalha. O que mais é preciso fazer? Eu não possuo um remédio garantido, e com certeza também não disponho de uma solução rápida, mas sei que é importante colocar em prática as verdades e promessas ricas e amorosas que permanecem, mesmo quando todas as demais coisas mudam. Continue a proclamar essas verdades em todas as dimensões de sua glória, e um dia os muros que já estão rachados hão de ruir e ser derrubados."

Jim McGuiggan, em *Where the Spirit of the Lord is*

Pai, ajuda-me a assumir, de maneira radical, o fato de que meu corpo é santuário do Espírito Santo, que está em mim, o qual recebi da parte de Deus. Não sou minha (1Co 6:19). Obrigada, Pai! Sou uma pessoa muito melhor por pertencer a ti, e não a mim!

Pai, tu consideraste minha vida digna de ser comprada por um preço muito alto. Por essa razão, por fravor, ajuda-me a te glorificar com meu corpo (1Co 6:20).

Deus de vitória, eu te agradeço e declaro, com ousadia, que as armas com as quais estou lutando contra esse vício não são as do mundo. Pelo contrário, elas são poderosas em Deus para destruir fortalezas. Eu anulo os argumentos e toda altivez que se levante contra o conhecimento de Deus. Minha opção é por levar cativo todo pensamento à obediência de Cristo (2Co 10:4-5).

Senhor, tu disseste a teus filhos: "A minha graça te basta, porque o poder se aperfeiçoa na fraqueza". Por isso, me gloriarei ainda mais nas minhas fraquezas, de modo que o poder de Cristo repouse sobre mim (2Co 12:9).

Deus, tu me libertaste para uma vida de ressurreição! Porque eu, por meio da própria lei, morri para ela a fim de viver para Deus. Fui crucificada com Cristo, e por isso já não sou eu quem vive, mas Cristo vive em mim. A vida que vivo agora nesse corpo é pela fé no Filho de Deus, que me amou e se entregou por mim (Gl 2:19-20).

Senhor, segundo tua Palavra, se eu entregar a ti todas as minhas obras de maneira confiante, meus planos serão bem-sucedidos (Pv 16:3). Senhor, reconheço que a melhor maneira de entregar todos os meus planos em tuas mãos é buscar *teu* plano para minha vida. Mostra-me a trilha certa, Pai!

Senhor, por favor, ajuda-me a não ser apenas uma ouvinte de tua Palavra, pois procedendo assim eu só estaria me enganando. Por favor, ajuda-me a fazer aquilo que tua Palavra diz (Tg 1:22). Tua Palavra é eficaz, mas para que eu possa experimentá-la de fato, preciso ser uma filha obediente. Para isso, preciso de teu auxílio, Senhor.

Quando tuas palavras vierem a mim, capacita-me a internalizá-las. Faz delas minha alegria e o deleite de meu coração, pois pelo teu nome sou chamado, ó Todo-poderoso, Deus dos Exércitos (Jr 15:16). Aumenta meu desejo por conhecer tua Palavra, meu Senhor!

Ó Senhor, do mesmo modo que fizeste com Davi, ajuda-me a encontrar alegria em tua força, para que assim eu seja capaz de dizer: "Como é grande o júbilo de meu coração pelas vitórias que tu me concedes, ó Deus!". Pai, por favor, concede o desejo de meu coração, que é o de ser libertada dessa fortaleza espiritual. Não rejeites as súplicas que saem de meus lábios (Sl 21:1-2). Que a glória de Cristo seja grande por meio das vitórias que tu me concedes (Sl 21:5).

Porque eu sei que meu velho ser foi crucificado contigo, ó Cristo, de modo que o corpo do pecado fosse aniquilado, e assim eu não servisse mais ao pecado como escrava — pois quem morreu está justificado do pecado (Rm 6:6-7).

A mentira definitiva de Satanás é que
você é capaz de ser o deus de sua própria vida,
e a escravidão definitiva que ele impõe é
quando convence as pessoas de que essa
mentira é verdade.
Neil Anderson, em *The Bondage Breaker*[1]

Pai, os falsos mestres deste mundo prometem liberdade, mas eles mesmos são escravos da corrupção. A pessoa que é vencida torna-se uma escrava daquela que a derrota (2Pd 2:19).

[1] Eugene, Harvest House, 1990, p. 201 [Ed. bras.: *Quebrando correntes — como vencer a guerra espiritual.* 2ª ed. São Paulo, Mundo Cristão, 2007].

Reconheço minha escravidão e desejo, do mais profundo de meu ser, sujeitar-me apenas a ti, Senhor, e não ao pecado. Só estando sujeita a ti é que encontro a verdadeira liberdade.

"Todas as coisas me são lícitas", mas nem todas me são benéficas. "Tudo me é permitido", mas não me deixarei dominar por nada (1Co 6:12). Senhor Deus, ajuda-me a reconhecer e discernir aquilo que não é benéfico para mim. Ajuda-me a ver que a liberdade verdadeira consiste em ser livre para fazer certas coisas e não fazer outras.

capítulo cinco

Como derrotar a culpa

Satanás é o mestre da acusação. Em Apocalipse 12:10 ele é identificado como "o acusador de nossos irmãos, o mesmo que os acusa de dia e de noite, diante do nosso Deus". O maior problema de Satanás é o fato de ele ser consumido pela inveja que tem de Jesus Cristo.

O inimigo de nossas almas era a "estrela da manhã" e foi "lançado por terra" porque, em seu coração, dizia: "Eu subirei ao céu; acima das estrelas de Deus exaltarei o meu trono e no monte da congregação me assentarei, nas extremidades do Norte; subirei acima das mais altas nuvens e serei semelhante ao Altíssimo" (Is 14:12-14).

Tremo só de escrever as últimas palavras dessa blasfêmia final. Resumindo: Satanás deseja ter aquilo que pertence apenas a Cristo. Ele sabe que não pode alcançar esse objetivo; por isso, tenta imitar e contradizer tudo o que Jesus Cristo faz e diz.

Em Lucas 5:24, Cristo fez a seguinte declaração, de modo enfático: "[...] o Filho do Homem tem sobre a terra autoridade para perdoar pecados [...]". De fato, quando aceitamos o perdão de Deus por intermédio de seu Filho Jesus Cristo, os portões das cadeias que nos prendem são abertos. Satanás sabe que aquilo que Cristo abre ninguém pode fechar (Ap 3:7).

Se o Diabo não tem poder para fechar as portas de prisões que Cristo abriu, o que sobra para ele fazer? Tentar nos convencer a ficar dentro da cadeia, embora tenhamos recebido de Jesus o direito e a liberdade para sair. Um dos métodos de que Satanás se vale com mais freqüência para manter as pessoas presas dentro de suas celas por iniciativa própria, apesar de terem sido libertadas por Jesus, é a acusação.

Não se vê, em nenhuma parte das Escrituras, Cristo resistindo ao pecador arrependido. Ele se contrapunha aos orgulhosos e aos religiosos farisaicos, mas nunca aos humildes de coração e aos que o buscavam em arrependimento. Na verdade, foi por causa do perdão que ele veio. Quando nos apresentamos diante de Deus em arrependimento genuíno, assumindo total responsabilidade por nossos pecados, as portas das cadeias que nos prendem são abertas para nós.

Infelizmente, quando não nos firmamos nas promessas de Deus e deixamos de seguir adiante, caminhando em sua verdade, o que nos resta é ficar sentados dentro da cela, atormentados por muitos anos. Considerando que Satanás sabe que o perdão conduz à liberdade, ele assume o papel de atormentador, lançando sobre nós sentimentos de culpa e condenação. Se Cristo nos perdoou, o Diabo faz tudo quanto pode para evitar que nós também nos perdoemos.

Imagine uma pessoa condenada a morte, presa numa cela minúscula. As evidências a respeito dela e do crime que cometeu estão escritas em grafite em todas as paredes daquele cubículo. Agora imagine essa pessoa recebendo o perdão, concedido pelo governador. Pense no barulho da chave destrancando o cadeado da cela e, em seguida, o som da porta, conforme ela se abre.

Antes que a pessoa antes condenada possa se levantar e caminhar na direção da porta, o diretor da prisão entra no cubículo, senta ao lado dela e diz: "Você não pode sair desta cela. Você *sabe* o que fez de errado. Você sabe que é culpado, e por isso foi condenado. Você sabe que merece estar nesta prisão imunda e miserável. Leia as coisas que estão escritas em todas as paredes desta cela. *Esse* é seu 'eu' verdadeiro. Não faria a menor diferença os lugares aonde você fosse, ou como estaria vestido, pois não conseguiria enganar ninguém. O único bobo dessa história é você mesmo, que não passa de um preso condenado à morte. Nunca conseguirá viver em liberdade. Por isso, fique bem aqui, sentado ao meu lado, e eu lhe farei companhia".

Se essa cena fizesse parte de um filme, eu me sentiria tentada a gritar: "O que você está fazendo? Está ficando louco? A porta da cela está aberta! Saia daí agora mesmo!". Ainda assim, tanto eu quanto você já reagimos do mesmo modo em determinadas situações relacionadas à dimensão espiritual. Nós nos comportamos como se fôssemos presos condenados à morte. Recebemos a sentença: culpados!

O Filho do Governador apelou ao Pai a nosso favor, e o Pai, por sua vez, nos concedeu um perdão vitalício. A partir do momento que admitimos nossa culpa e aceitamos o perdão, as portas da prisão se abriram. Por mais que Satanás quisesse ter nas mãos a chave para poder voltar a trancar o cadeado, ele não poderia mais fazê-lo. Tudo o que está ao alcance dele é tentar nos manter sentados dentro daquela cela destrancada. Ele sabe que recebemos a liberdade, mas também tem consciência de que, para que possamos *viver* como pessoas livres, é preciso que levantemos e caminhemos na trilha da verdade, em direção à porta.

Eu e você sabemos muito bem o que acontece em seguida. O diretor da prisão faz tudo quanto pode para nos convencer de que, no fim das contas, não deveríamos sair, pois nosso lugar é aquele. Com muita freqüência, caímos no erro de acreditar nessas coisas que ele diz.

Cada oração baseada nas Escrituras contida neste livro tem um entre dois propósitos principais:

1. Ajudar a comprovar a existência de um arrependimento sincero.
2. Ajudar a pessoa que se arrepende com sinceridade a se deleitar na liberdade que o perdão proporciona.

Essas duas ênfases, respaldadas nas Escrituras, estão entrelaçadas de propósito ao longo de todo o texto a seguir. A razão pela qual precisamos ter certeza absoluta de que houve arrependimento biblicamente genuíno é a seguinte: se esse arrependimento não aconteceu, é provável que aquilo que chamamos de "culpa" seja resultado da ação do Espírito Santo, convencendo o cristão de que há algo errado.

Lembro de certa vez, em meu tempo de faculdade, quando fiquei muito confusa por causa de sentimentos contínuos de "culpa" entranhados em meu ser, provocados por um pecado pelo qual havia pedido perdão várias vezes. Eu não conseguia entender por que nunca era capaz de me livrar do peso que aquele fardo exercia sobre minha vida. Anos depois, Deus abriu meu entendimento para o texto de 2Coríntios 7:10: "Porque a tristeza segundo Deus produz arrependimento...".

De repente, passei a compreender que nunca havia desenvolvido uma "tristeza segundo Deus" em relação àquele pecado. Eu sentia remorso, pois sabia que não era a vontade de Deus para minha vida, mas não passara pela experiência de sentir tristeza por causa daquilo. Na verdade, percebi que "eu no coração contemplara a vaidade" (Sl 66:18), prendendo-me àquele pecado em termos emocionais, embora o tivesse abandonado fisicamente. Eu *fazia* a coisa certa, mas ainda *sentia* a coisa errada.

Por favor, permita-me ser bem clara: sem dúvida, a vontade de Deus para minha vida era *agir* de maneira obediente desde o início, em vez de esperar até que eu *sentisse* que deveria fazê-lo. No entanto, eu só consegui experimentar a libertação total daquele fardo de pecado quando, por fim, deixei que o Senhor mudasse meu coração também.

Quando Deus abriu meus olhos para 2Coríntios 7:10, eu me derramei em lágrimas diante dele e disse: "Desejo sentir a 'tristeza segundo Deus' por causa desse pecado e, assim, possa me libertar... mas não consigo, Senhor! O que devo fazer? Será que nunca mais me livrarei disso?". A resposta terna de Deus foi a mesma que ele dera praticamente todas as vezes em que eu pedi, com insistência, algo de que precisava: "Apresente sua oração diante de mim, minha filha".

Comecei a orar para que essa "tristeza segundo Deus" tomasse conta de mim, de tal modo que sobrepujasse aquela vaidade que meu coração contemplava, ou seja, o gosto pelo pecado que eu continuava sentindo. Isso aconteceu, a princípio, de maneira suave e gradual, como a maré que chega pela manhã. Por fim, porém, invadiu meu ser como uma onda bem forte. Até então, eu não percebia a grande diferença que há entre os conceitos de "remorso" e "arrependimento".

Será que essa minha história lhe parece muito familiar? Já aconteceu de você também abandonar um pecado fisicamente e deixar de praticar aquilo mas, ainda assim, continuar a sentir um certo gosto por ele em seu coração? Se a resposta for positiva, então não estamos sozinhos. Só nos últimos dez anos, foram inúmeras as vezes em que fui procurada por cristãos que me contaram como haviam deixado, por exemplo, um relacionamento pecaminoso, mas encontravam muita dificuldade para abandonar o vínculo emocional.

Embora as circunstâncias pelas quais passamos possam ser bem diferentes, aquelas pessoas também estavam "contemplando a vaidade" em seu coração. A "tristeza segundo Deus" não é determinada pelas lágrimas ou por manifestações externas de contrição. Essa "tristeza divina" é uma mudança que ocorre no coração e resulta em sintonia total com Deus no que diz respeito àquela questão.

Você pode argumentar: "Mas, Beth, não tenho como mudar meus sentimentos". Eu entendo. Também passei por essa situação. Mas é por isso que a chamamos de "tristeza segundo Deus". Trata-se de uma *obra de Deus*: ele pode mudar nosso coração. Como resultado, haverá mudança em nossos sentimentos. Gosto muito da tradução da *Versão Almeida Revista e Atualizada* para 1João 3:19-20, no que se refere a esse tema: "Deus é maior do que o nosso coração e conhece todas as coisas".

Quando somos desafiados a nos arrepender de algum pecado pelo qual ainda nutrimos alguma simpatia, tudo o que Deus espera que façamos é convidá-lo para mudar nosso coração e realizar a obra sobrenatural do arrependimento genuíno. Ele deseja que manifestemos nossa disposição de deixar o pecado, tanto em termos físicos quanto emocionais.

Veja bem: Deus não deixará de insistir no tratamento dessa questão até que o arrependimento se aloje e tome conta de nosso coração. Por quê? Porque enquanto essa mudança do coração não acontece, continuamos a correr um risco muito grande de voltar a praticar as mesmas ações pecaminosas.

Agora é hora de voltarmos nossas atenções, por um breve momento, ao segundo propósito deste livro: ajudar a pessoa que se arrepende com sinceridade a sentir bem na liberdade que o perdão proporciona. Alguns assuntos são mais cinzentos do que outros, mas chegamos a um ponto em que podemos colocar o preto no branco: uma vez que o arrependimento sincero tenha ocorrido de fato, qualquer acusação e culpa que continuemos a sentir é obra do inimigo.

Na vida de um cristão, a "culpa" que se sente antes do arrependimento é a convicção que o Espírito Santo concede de que algo está errado. A "culpa" que se sente depois do arrependimento é a condenação sugerida pelo Diabo. Oro para que algumas das orações desse livro, baseadas nas Escrituras, ajudem você a começar a manter uma posição firme contra o acusador. Para isso, é preciso caminhar de maneira resoluta na trilha da verdade de Deus.

Por favor, abra seu coração para essa declaração: se você se arrependeu de seu pecado com sinceridade e recebeu o perdão, não importa qual seja a maneira como se "sente". Lembre-se de que Cristo proclamou, com ousadia, que tinha "sobre a terra autoridade para perdoar pecados".

O que acontece quando nos arrependemos de algum pecado, mas permitimos que Satanás nos convença que devemos recusar a aceitar esse fato? Será que estamos declarando que somos capazes de fazer nossa parte (se arrepender), mas Cristo não pode fazer o que compete a ele (nos perdoar)?

Finalmente percebi que minha falta de disposição de aceitar o perdão completo de Cristo depois do arrependimento genuíno era um problema de *autoridade*. Eu estava, na verdade, dizendo que Jesus não tinha capacidade de executar bem sua função. De repente, descobri que eu tinha de me arrepender por me recusar a receber o perdão!

Por favor, acredite em mim quando digo que sei o que estou falando quando se trata dessa questão. Por várias vezes, Satanás usou a culpa, a condenação e a acusação para dar cabo de minha vida. Veja bem: eu era uma criancinha quando recebi a Cristo; mesmo assim, pequei e fracassei miseravelmente durante minha vida. Eu quase precisava lutar dentro de mim para não sentir inveja ao ouvir testemunhos de pessoas que só conheceram de fato os malefícios do pecado pouco antes de receber a salvação, e desde então, caminham com fidelidade na fé.

Em todos os pecados horríveis que já cometi, o Espírito Santo permaneceu intacto. Eu continuava sendo uma pessoa salva. Ai, que dor sinto no coração a cada vez que dou esse testemunho. Conforme aprendo a amar ainda mais a Cristo, de vez em quando uma onda de tristeza invade meu ser, lembrando-me dos pecados que cometi no passado, e então fico a me lamentar: "Com você foi capaz de fazer uma coisa tão ruim diante de Deus?".

Se não paro e começo a orar na mesma hora — reafirmando o amor do Senhor por mim e minha justificação nele —, Satanás se aproveita dessa minha onda de remorso e vê nela um ponto vulnerável para lançar acusações. Com isso, ele apresenta um furacão de condenações. Preciso ser sempre uma pessoa muito proativa contra as acusações do inimigo para poder lutar o bom combate da fé. Você também precisa.

Por acaso, aprendi a *dar o troco* a Satanás quando ele me tenta a pecar para, em seguida, festejar meus fracassos: permito que Deus envergonhe o inimigo proporcionando tantas coisas boas a partir do mal praticado que o Diabo se arrepende de ter me levado a cometer tal pecado. Que *vingança santa* ocorre quando permitimos que o Senhor use nossos fracassos do passado para nos humilhar, nos lapidar e nos usar de modo ainda mais eficaz!

Eu e você estamos prontos para deixar de contribuir para o sucesso das artimanhas de Satanás. Pode dizer "amém"? Se estamos em Cristo, não somos pessoas sem esperança, não importa de que lado do arrependimento sincero nos situemos. Quando começarmos a orar de acordo com as passagens bíblicas a seguir e acontecer de percebermos que nunca desenvolvemos uma "tristeza segundo Deus" sobre determinado pecado cometido, apresentemos essa petição diante do Senhor!

Se, de fato, *já nos arrependemos* daquele pecado e, ainda assim, continuamos sendo assaltados pelo sentimento de culpa, devemos começar nos recusando a assimilar os ataques do acusador, revidando com as armas da oração e da Palavra de Deus. Será que estamos sentados dentro de uma cela destrancada? Será que a porta está escancarada diante de nossos olhos? Está na hora de confiar nas promessas do Senhor e caminhar para a liberdade, firmados na verdade.

Orações

Pai, agradeço-te porque, se meu coração tem se enternecido e eu tenho me humilhado perante tua presença [...] e se eu tenho o coração como aquelas pessoas que rasgaram suas vestes e choraram diante de ti, então tu me ouvistes (2Re 22:19).

Vê, ó Senhor, como estou angustiada! Estou me sentindo atormentada por dentro, e meu coração está transtornado em meu interior, pois tenho sido uma pessoa muito rebelde. Por fora, a espada provoca perdas pessoais; por dentro, tudo o que existe é morte (Lm 1:20). Obrigado, Senhor, por eu ter certeza absoluta de que tu nunca desamparas nenhum de teus filhos quando eles clamam em agonia por causa do pecado cometido.

Senhor Deus, conto contigo para que nunca retenhas tua misericórdia em relação a mim; que teu amor e tua verdade sempre me protejam. Pai, tribulações incontáveis me cercam; meus pecados me alcançaram e me impedem de ver. São mais numerosos que os cabelos de minha cabeça, e meu coração desfalece dentro de mim (Sl 40:11-12).

Ó Senhor, compadece-te de mim; cura minha alma, porque pequei contra ti (Sl 41:4).

Senhor Deus, tu me tiraste de um poço imundo, cheio de lama e perdição. Tu colocaste meus pés sobre uma rocha e me concedeste um solo firme onde pude ficar de pé. Colocaste um cântico novo em minha boca, um hino de louvor ao meu Deus! Feliz é a pessoa que coloca sua confiança no Senhor (Sl 40:2-4).

Senhor, eu reconheci meu pecado diante de ti e não ocultei minha iniqüidade. Eu disse: "Confessarei a Deus as minhas transgressões" (Sl 32:5), e tu perdoaste minha culpa pelos pecados que cometi.

Pai, louvo-te de todo o meu coração porque, quando o perverso abandonar os caminhos da iniqüidade e o homem mau deixar os pensamentos pecaminosos, convertendo-se ao Senhor, tu te compadecerás dessa pessoa, pois és rico em conceder perdão (Is 55:7).

Pai, agradeço-te por teres te compadecido de mim, segundo teu amor que nunca falha. Segundo tua grande misericórdia, tu apagaste minhas transgressões. Tu tens o poder de lavar-me por completo de minhas iniqüidades e purificar-me de meu pecados [...] Tu podes criar em mim um coração puro e renovar dentro de meu ser um espírito que nunca se abala (Sl 51:1-2,10).

Meu Senhor fiel, a tristeza me conduziu ao arrependimento. Oro para que eu experimente essa tristeza segundo Deus, em vez de sofrer ao ser confrontado com meu pecado. Obrigado por essa santa tristeza que proporciona arrependimento que conduz à salvação, não deixando nenhum sinal de remorso (2Co 7:9-10).

Ó Senhor de misericórdia, quando uma oração ou uma súplica é erguida diante de ti por qualquer um de teus filhos — conhecendo cada um suas aflições e dores, e estendendo as mãos na direção desse templo —, então tu ouves desde os céus, que é o lugar de tua habitação. Perdoa, Pai, e concede a cada um de acordo com todas as suas obras, já que sabes o que se passa no coração de todas as pessoas (porque tu, só tu, conheces o coração dos seres humanos). Então te temerão e andarão em teus caminhos durante todo o tempo em que viverem nessa terra que deste a nossos ancestrais (2Cr 6:29-31).

Nosso Senhor Jesus não nos enche de elogios. Ele permite que examinemos nossas vidas exatamente como elas são. Os olhos do Senhor, que tudo vêem, distinguem a verdade nua e crua das coisas. Ele é "a testemunha fiel e verdadeira" (Ap 3:14), que lida conosco de acordo com o critério da retidão. Ó alma perdida, Jesus ama você demais para a encher de elogios. Por essa razão, peço a você que deposite uma confiança tal em Deus que, seja qual for a maneira pela qual ele lhe repreenda [...] por meio de sua Palavra e de seu Espírito você possa, sem hesitação, responder: "É verdade, Senhor".

Charles Spurgeon, em *Prayer and Spiritual Warfare*

Ó Senhor, eu tenho analisado e colocado à prova meus caminhos, e me voltado de todo o coração a ti (Lm 3:40). Sonda-me, ó Deus, e conhece meu coração. Prova-me e conhece os pensamentos aflitos. Vê se há algum caminho mau em mim e conduze-me pelo caminho eterno (Sl 139:23-24). Senhor, se, no momento de examinar a mim mesmo, deixei de atentar para meu pecado, por favor, mostra-me e guia-me ao arrependimento e à restauração total!

Pai, tua Palavra diz que, se teu povo se converter agora — cada um de nós — de seu mau caminho e da maldade das ações que pratica, poderá habitar na terra que tu lhe deste (Jr 25:5).

Senhor, tu ouviste minha súplica por tua misericórdia. Tu, Senhor, aceitaste minha oração (Sl 6:9).

Pai, tu olhaste do alto de teu santuário que está nos altos céus. Tu dirigiste teu olhar à terra para ouvir o gemido das pessoas que estão aprisionadas e libertar aqueles que foram condenados à morte (Sl 102:19-20).

Pai, tu nos fizeste esta promessa: aqueles que semeassem em lágrimas ceifariam em meio a canções de júbilo; todos os que saíssem andando e chorando, carregando as sementes para espalhá-las na terra, voltariam com alegria, trazendo consigo seus feixes (Sl 126:5-6).

Senhor, de ti me aproximei com pranto; quando me trouxeste, a ti me apresentei em oração. Tu hás de me guiar junto a ribeiros de águas, por um caminho plano no qual não tropeçarei, pois tu és meu Pai (Jr 31:9).

Em lágrimas tenho te buscado, Senhor meu Deus. Desejo aproximar-me de ti, e a ti me unir numa aliança eterna que jamais será esquecida (Jr 50:4-5).

Pai, dá-me um coração que te conheça, que saiba que tu és o Senhor. Sou tua filha e tu és meu Deus, pois voltei-me a ti de todo o meu coração (Jr 24:7). Tu disseste que, se eu me voltasse a ti, tu te voltarias a mim (Ml 3:7).

Pai, como te louvo por exaltar a Cristo, com tua mão direita, como Príncipe e Salvador para que, assim, ele concedesse arrependimento e remissão de pecados a teu povo (At 5:31).

Ó Deus, nunca permita que eu demonstre desprezo pelas riquezas de tua bondade, de tua tolerância e de tua paciência, deixando de reconhecer que tua bondade é que me conduz ao arrependimento (Rm 2:4).

Meu Pai e meu Deus, obrigado por me conceder o arrependimento que me conduz ao conhecimento da verdade! Obrigado por me ajudar a ser uma pessoa sensata, e assim escapar das armadilhas do Diabo, que tem me mantido cativo à sua vontade (2Tm 2:25-26).

"Você vive gemendo e dizendo: 'Sei que preciso me arrepender, mas sou tão insensível que não consigo alcançar a medida ideal de ternura que preciso'? Tem razão. Por essa razão, o Senhor Jesus é exaltado nas alturas para proporcionar o arrependimento. Você é tão incapaz de se arrepender por esforço próprio quanto de entrar no céu por mérito pessoal. Mas o Senhor lhe concederá 'arrependimento para vida' (At 11:18). Pois o arrependimento também é um fruto do Espírito."

Charles Spurgeon, em *Prayer and Spiritual Warfare*

Deus, obrigado por me disciplinar para meu próprio bem, e assim eu possa ser participante de tua santidade (Hb 12:10).

Senhor, lembro-me da altura da qual caí. Eu me arrependo e desejo, do mais íntimo de meu ser, voltar à prática das primeiras obras. Sei que, se não me arrepender, tu virás a mim e removerá toda luz de minha vida nesse mundo que vive em trevas (Ap 2:5).

Pai, obrigado por me dar a certeza, baseada em tua Palavra, de que as pessoas a quem repreendes e disciplinas são aquelas a quem tu amas. Tenho tentado, tanto quanto me é possível, ser zeloso e demonstrar arrependimento (Ap 3:19).

Pai, a culpa por minhas iniqüidades me oprimem tanto quanto um fardo pesado demais, que excede minhas forças [...] Sinto-me encurvado e abatido demais; ando de luto o dia inteiro [...] Estou muito debilitado e aflito, gemendo por causa da angústia de meu coração. Senhor, diante de ti estão todos os meus desejos, e não te escondo minha ansiedade. Meu coração bate angustiado; faltam-me as forças. Até a luz de meus olhos se foi [...] Confesso-te minha iniqüidade; meu pecado me causa perturbação [...] Senhor, não me desampares. Deus meu, não fiques longe de mim. Apressa-te em socorrer-me, Senhor, meu Salvador (Sl 38:4,6,8-10,18,21-22). Pai, tu nunca rejeitas aquele que se apresenta diante de ti em sincero arrependimento. Obrigado, Senhor.

Lava-me, Senhor, e serei mais claro do que a neve. Permita que eu ouça manifestações de júbilo e alegria para que os ossos que tu esmagaste exultem (Sl 51:7-8). Senhor, acaba com essa escravidão que me impede de sentir e crer no perdão que tu me concedes. Ajuda-me a encontrar a alegria no fato de que a única coisa mais clara do que a neve é um pecador arrependido!

Meu Pai misericordioso, eu te agradeço pela convicção que tenho de que tu nunca desprezarás um coração compungido e contrito. De fato, o sacrifício que te agrada é o do espírito quebrantado (Sl 51:17).

Deus Pai, obrigado por saber que nenhuma condenação há para aqueles que estão em Cristo Jesus, pois a lei do Espírito da vida, em Cristo Jesus, me livrou da lei do pecado e da morte. Porque aquilo que a lei era impotente para realizar, posto que estava enfraquecida por causa da natureza do pecado, tu fizeste enviando teu próprio Filho em semelhança do ser humano pecador como oferta pelo pecado (Rm 8:1-3). Ajuda-me a compreender que a correção que mereço por causa de minha rebeldia contra ti é resultado apenas do mais puro amor que tens por mim, e nunca deve resultar em confusão e condenação (Hb 12:6).

O principal recurso de que Satanás se vale para potencializar suas acusações contra nós é o uso de uma longa lista de pessoas dispostas a nos condenar. Somos, por natureza, criaturas sem misericórdia e compaixão. Muito mais gente arderia nas chamas eternas se fosse julgada por nós do que se recebessem o julgamento do Deus santo e justo. Conheça toda a verdade e reaja à condenação com rapidez, de tal maneira que, quando vierem as acusações, você possa resistir ao Diabo, não importa quem ele use para amplificar sua voz.

Meu fidelíssimo Deus, se eu disser que não tenho nenhum pecado, só estarei me enganando, e a verdade não estará em mim. Mas quando eu confesso meus pecados, tu és fiel e justo para me perdoar os pecados e me purificar de todo tipo de injustiça. Se algum de nós declara não ter cometido pecado, faz de ti um mentiroso, e a tua palavra não está nessa pessoa (1Jo 1:8-10).

Senhor, além de ti, não há pessoa justa, nem uma sequer; não há quem entenda, não há quem te busque, ó Deus. Todos foram para longe. De uma só vez, todos se tornaram pessoas inúteis. Não há ninguém que faça o bem, não há uma pessoa sequer (Rm 3:10-12). Deus, a justiça que tu proporcionas nos vem por meio da fé em Jesus Cristo, para todos aqueles que crêem. Não há diferença, pois todos pecaram e carecem da glória que vem de ti, Pai. Eles são justificados gratuitamente por tua graça, mediante a redenção que há em teu Filho, Cristo Jesus (Rm 3:22-24). Ajuda-me a aceitar o fato de que a graça que tu concedes nunca foi e nunca será limitada por minha capacidade de ser bom e justo. A libertação que recebo do fardo de meu pecado é acompanhada de arrependimento sincero e da consciência de que a morte de teu Filho me proporcionou perdão integral.

Abençoado sou, ó Deus, porque minhas transgressões foram perdoadas. Meus pecados foram cobertos. Abençoado sou porque tu, Senhor, nunca mais me imputará pecado (Rm 4:7-8).

Pai, como sou grato por saber que teus servos também foram pecadores salvos pela graça. O apóstolo Paulo disse: "Sou grato para com aquele que me fortaleceu, Cristo Jesus, nosso Senhor, que me considerou fiel, designando-me para o ministério". Embora tivesse sido um homem blasfemo, perseguidor e violento, ele obteve tua misericórdia. Assim como Paulo, Senhor, tua graça também transbordou de forma abundante em minha vida, assim como a fé e o amor que há em Cristo Jesus (1Tm 1:12-14).

Senhor de misericórdia, faço minhas as palavras do apóstolo Paulo, que afirmou: "Fiel é a palavra e digna de toda aceitação: que Cristo Jesus veio ao mundo para salvar os pecadores, dos quais eu sou o principal. Mas, por esta mesma razão, me foi concedida misericórdia, para que, em mim, o principal, evidenciasse Jesus Cristo sua completa longanimidade, e servisse eu de modelo a quantos hão de crer nele para a vida eterna. Assim, ao Rei eterno, imortal, invisível, Deus único, honra e glória pelos séculos dos séculos. Amém!" (1Tm 1:15-17). Senhor, mesmo que eu fosse o pior dos pecadores — como às vezes acho que sou —, ainda assim tu me perdoarias, pois estás sempre pronto a usar aqueles que depositam sua confiança em ti! Obrigado, Deus!

Senhor, não tenho razão para me envergonhar, pois sei em quem tenho crido, e estou convicto de que tu és poderoso para guardar aquilo que confiei a ti até aquele dia (2Tm 1:12).

Senhor, ainda que sejamos infiéis, tu permaneces fiel, pois tu não podes, de maneira nenhuma, negar a fidelidade que faz parte de tua natureza (2Tm 2:13).

Senhor Deus, ajuda-me para que eu não seja uma vítima das acusações de Satanás, o acusador daqueles que crêem. Ele está furioso porque sabe que seu tempo está se esgotando. Recebi tua salvação e agora faço parte de teu reino, ó Deus, e vivo sob a autoridade de teu Filho, Jesus Cristo. O inimigo foi vencido pelo sangue do Cordeiro e por causa da palavra de nosso testemunho (Ap 12:10-11). Ajuda-me para que eu nunca deixe de testemunhar a obra poderosa que tu realizaste a meu favor.

Se tu, ó Senhor, mantivesse um registro de nossos pecados, meu Pai, quem resistiria? Contigo, porém, está o perdão; por essa razão, tu és temido. Eu te espero, Senhor; minha alma aguarda por ti, e em tua palavra deposito minha esperança. Minha alma anseia por ti, Senhor, mais do que os sentinelas anseiam pela chegada da luz da manhã. Contigo, Senhor, está o amor que nunca falha, e contigo, Pai, está a redenção *total*. Tu mesmo, Deus, é aquele que me redime de todos os meus pecados (Sl 130:3-8).

Ah, como te louvo porque *todos* que crêem em ti, Jesus, recebem remissão dos pecados, por meio de teu nome (At 10:43). Não há exceções a essa regra!

Senhor Jesus, reconheço que tu, o Filho do Homem, tens autoridade sobre a terra para perdoar pecados (Lc 5:24). Por favor, ajuda-me a compreender que, quando coloco em dúvida o perdão que me concedes depois de meu arrependimento, na prática estou dizendo que sou capaz de fazer o que me cabe, mas tu não podes cumprir tua parte. Perdoa-me, Jesus, e ajuda-me a nunca minimizar tua autoridade soberana de realizar essa obra redentora e extraordinária.

Uma maneira confiável de medir nossa intimidade com Deus pode ser o período de tempo entre o pecado e o arrependimento. O ser humano espiritual continua pecador, mas não consegue resistir ao desejo imediato de se arrepender. Sua grande sensibilidade produz uma vida mais santa, pois ele se arrepende logo nos primeiros estágios daquilo que, de outro modo, se tornaria uma sucessão de pecados. De fato, aqueles que caminham bem perto de Deus frustram os esforços do acusador. Quando o Diabo chega nos céus para registrar suas acusações, Deus pode dizer, com satisfação: "Não lembro desse pecado".

Senhor Jesus, ajuda-me a aceitar e me conscientizar de que, se Deus é por mim, quem será contra mim? (Rm 8:31). És tu, ó Deus, quem me justifica (Rm 8:33). Quem será capaz de me condenar? Cristo Jesus, que morreu — mais que isso, que ressuscitou —, está ao teu lado direito, ó Deus, e também está intercedendo por mim (Rm 8:34).

Em todas estas coisas, soberano Senhor, sou mais que vencedor por meio de ti, pois me amaste (Rm 8:37).

Aquele que não se convence do amor misericordioso de Deus jamais se convence de ser mais que vencedor.

Senhor Deus, uma das razões pelas quais tu inspiraste pessoas a escrever tua Palavra foi a de me fazer saber, como tua filha querida, que meus pecados foram perdoados por causa de teu nome poderoso (1Jo 2:12). Posso ser forte porque tua palavra, ó Deus, permanece em mim, e em ti já venci o Maligno (1Jo 2:14).

Deus Pai, tu fizeste da vida de meu Salvador uma oferta pelo meu pecado (Is 53:10). A morte de teu Filho foi suficiente para livrar-me da culpa.

Senhor, de acordo com o que afirma tua Palavra, aquele que encobre suas transgressões nunca prospera, mas todo o que confessa e deixa seus pecados alcança misericórdia (Pv 28:13).

Embora meus pecados testifiquem contra mim, ó Senhor, peço que tu me ajudes, por amor de teu nome; porque minhas rebeldias são grandes. É contra ti que pequei (Jr 14:7). Ó Senhor, reconheço minha maldade e minha culpa. De fato, tenho pecado contra ti (Jr 14:20).

Maravilhoso Salvador, como te agradeço por nos dizeres que haverá mais alegria no céu por causa de um pecador que se arrepende do que por noventa e nove justos que não necessitam de arrependimento (Lc 15:7).

Pai, tenho sido como o filho pródigo, dissipando toda a minha herança numa vida dissoluta. Quando eu ainda estava longe, tu me viste e tiveste compaixão de mim. Tu correste para me receber em teus braços. Eu me aproximei para confessar meu pecado contra o céu e contra ti. Já não me sentia mais digna de ser chamado de tua filha. Mas tu celebraste meu retorno, colocando sobre meu corpo a melhor roupa e pondo um anel em meu dedo. Por causa de tua grande misericórdia, tu me recebeste de volta como uma filha, e não como uma serva. Eu me sentia como se tivesse morrido, mas agora sinto como se tivesse voltado à vida (Lc 15:13,20-23,32).

Senhor Jesus, em teu nome e em tua autoridade, digo ao Diabo: não tente fazer festa por minha causa, meu inimigo! Embora eu tenha caído, me levantarei novamente. Mesmo que eu esteja passando por momentos de trevas, o Senhor será minha luz. Pequei, mas Cristo carregou meu castigo na cruz. Ele advoga a meu favor e defende meu direito. Ele me trará para a luz, e então verei sua justiça. Então você, meu inimigo, verá isso e será coberto de vergonha (Mq 7:8-10).

Queria ganhar um dólar por cada vez que ouço uma pessoa que aconselho dizer o seguinte: "Ah, eu confessei aquele pecado mil vezes, já faz um ano". Em primeiro lugar, fez 999 vezes mais do que o necessário. Segundo, a cada vez que um pecado é confessado, em vez de a confissão proporcionar alívio, ela apenas reforça a falsa crença de que esse pecado nunca foi perdoado. A confissão multiplicada, ou a *reconfissão*, só torna ainda mais intensa a opinião de que não recebemos perdão de fato.

Dr. Chuck Lynch, em *I Should Forgive, but...*

capítulo seis

Como derrotar o desespero da perda

Começo esta parte do livro com ternura no coração porque é muito provável que as pessoas que adquirem esta obra estejam se sentindo *devastadas*. Ela foi escrita para pessoas que perderam entes queridos e se encontram em luta contra a fortaleza espiritual do desespero, ou tentam evitá-la com todas as forças. Você não demorará a perceber que esta parte de comentário é mais longa do que em outros livros da série. As pessoas que sofrem muito por causa de uma perda podem usar todo o encorajamento que recebem para sobreviver.

Por favor, permita-me dizer, desde já, que nada é mais normal e apropriado que o luto como reação à morte de algum ente querido. Na verdade, a falta do luto depois da perda pode ser um indicador de outro tipo de fortaleza espiritual séria. O luto não configura, em geral, uma fortaleza; mas o desespero contínuo, que drena as forças da vida, esse pode ser. O bloqueio do poder restaurador e terapêutico de Deus leva o cristão a sofrer com um jugo de escravidão doloroso e debilitante.

Depois de viajar muito e falar a tantos cristãos que enfrentavam crises e fortalezas diversas, estou convencida de que as pessoas dão a Satanás um crédito ao qual ele não tem direito. Entenda, por favor: o Diabo não tem coração. Encontramos um consolo estranho e enganoso ao imaginar que Satanás se recusaria a ultrapassar certos limites e começaria a agir de maneira adequada.

Por exemplo, há quem presuma, erroneamente, que o Diabo nos deixa em paz quando estamos passando por um período de luto angustiante porque, afinal de contas, ele sabe que estamos vulneráveis e fragilizados. *Mas isso está errado.* Onde estava Satanás quando Cristo enfrentou a tentação no deserto, sozinho e faminto? Bem ali, perto do Filho de Deus. Lucas 4:13 finaliza o registro da tentação de Jesus com as seguintes palavras de angústia: "Passadas que foram as tentações de toda sorte, apartou-se dele o diabo, até momento *oportuno*" (grifo da autora).

Onde estava o Diabo quando Cristo, no Getsêmani, angustiou-se e suou sangue? Dando os últimos retoques na armadilha que armara por intermédio de Judas, sua marionete. Lucas 22:3-6 relata:

> Ora, Satanás entrou em Judas, chamado Iscariotes, que era um dos doze. Este foi entender-se com os principais sacerdotes e os capitães sobre como lhes entregaria a Jesus; então, eles se alegraram e combinaram em lhe dar dinheiro. Judas concordou e buscava *uma boa ocasião* de lho entregar sem tumulto (grifos da autora).

Satanás é um oportunista. Será que ele é capaz de fustigar uma pessoa que está arrasada? Com certeza. É melhor despertar desse sono enganoso e abrir os olhos para o fato de que o Diabo é aquele que está por trás de toda violência contra crianças, de todo suicídio e de todo escândalo que leva pessoas justas a cair. A palavra *apropriado* não está em seu vocabulário. Ele não é educado e não abre espaço para que possamos chorar nossas perdas nem espera até que recuperemos a condição de lutar.

Satanás joga sujo. Por favor, acredite nisso. Sei que a maioria de nós preferia não ter de pensar em batalha quando precisa enfrentar o luto pela morte de uma pessoa amada. No entanto — de alguma maneira —, é sábio juntar energias para tomar as seguintes medidas preventivas:

- Orar por proteção durante o período de luto.
- Orar por um luto saudável.
- Render o luto a Deus, de modo que Satanás não encontre base para se estabelecer.
- Convocar guerreiros intercessores para que orem por nós no momento de fraqueza.
- Manter abertas as linhas de comunicação com Deus, mesmo quando tudo o que conseguimos dizer é: "Socorro!" ou "Por quê?".
- Crer na Palavra de Deus, que nos diz que o Senhor pode restaurar a vida abundante, e ele o fará... se assim permitirmos.

No ponto em que minha vida está, não tenho direito nenhum de falar sobre o luto insuportável e devastador provocado pela morte de uma pessoa querida. Ainda não tive de enfrentar esse tipo de perda. Minha querida mãe morreu há pouco tempo. Embora ela jamais possa ser substituída e sintamos demais sua falta, já aceitei a idéia de que a morte de minha mãe era iminente, e tenho certeza de que ela agora está viva e disposta, morando no céu.

Muitos filhos adultos sabem que provavelmente enterrarão os pais em algum momento da vida. Como minha mãe sempre dizia, "é melhor você me enterrar do que eu enterrar você". Sei exatamente o que ela queria dizer porque tenho filhos também. Enterrar nossos pais idosos é um processo mais natural e normal. Embora eu tenha passado pelo luto, não foi algo com que não tivesse conseguido lidar.

Permita-me explicar, desde já, que, embora a morte de minha mãe não tenha se transformado em uma fortaleza para mim, uma perda similar pode ser transformada numa fortaleza para outras pessoas. Nenhuma perda é igual às demais, e nenhum pranto é exatamente o mesmo.

Este livro é dirigido a qualquer um que esteja enfrentando uma fortaleza do desespero depois de uma perda, não importa quem era a pessoa amada e em que circunstâncias ela morreu. Caso você esteja encontrando grande dificuldade para seguir em frente depois da morte de alguém, então faz bem em continuar esta leitura. Se outras pessoas compreendem ou não a extensão ou a profundidade de seu pranto, não importa.

Este livro é para a mãe que perdeu um filho ou para o pai abandonado pela família. Pode não parecer, mas o fim de um casamento ou a morte do sonho de ter uma família pode causar grande tristeza. Seja qual for a razão de seu luto, se ele lhe impede de viver ou parece nunca ter fim, este livro foi feito para você.

Quando viajo fazendo palestras, ouço inúmeras histórias de cortar o coração. Posso lhe garantir que muita gente já passou por perdas muito mais devastadoras do que eu, até agora. Por essa razão, as palavras que orefeço neste livro não são baseadas em minhas experiências pessoais. Em vez disso, eu as baseio em duas fontes confiáveis:

- A Palavra de Deus, que é verdadeira, tendo ou não sido aplicada.
- As experiências de algumas pessoas que confiaram na Palavra de Deus.

Usando como base essas duas fontes, acredito que posso dizer, de modo confiante, mas reverente, que Deus pode restaurar a integridade de qualquer pessoa devastada, não importa o calvário pela qual ela tenha passado. Não estou dizendo apenas que Deus pode resguardar a integridade física dessa pessoa depois da tragédia. Muita gente *sobrevive* às tragédias.

Nunca esquecerei a reação de minha sogra quando lhe perguntei como superara a morte de sua filha amada, uma criancinha loura de três anos, por causa de um incêndio na casa. Ela respondeu: "Eu acordava todos os dias, mas sem nenhuma vontade de viver. Só que não tinha outra alternativa". Muitas pessoas sabem exatamente o que ela quis dizer. Meu coração ainda sofre junto com o dela. Dou graças a Deus por poder dizer que ela conseguiu superar a prostração e voltar a viver.

Não foi para nos proporcionar a existência física que Cristo morreu. Ele veio para que tivéssemos vida, e a tivéssemos em maior abundância. Por mais impossível ou inalcançável que esta verdade possa parecer, *Deus pode restaurar a vida abundante*. Para os propósitos deste livro, definiremos a fortaleza relacionada à perda como a indisposição *contínua* ou a suposta incapacidade de *permitir que ele promova essa restauração.*

Sinto-me muito honrada em apresentar-lhe três de minhas heroínas: Joy Conaway, Alison Shanklin e Jeanine Dooley. As três descobriram a vida abundante em Cristo depois de passar por perdas terríveis. Com a permissão delas, gostaria de compartilhar suas histórias. Para começar, por favor, conheça minha amiga Joy. Ela e o marido, Jack, estavam em dois carros carregados de mobílias para a nova casa nas montanhas em que, em breve, pretendiam passar a aposentadoria. Foi então que a vida deles desmoronou.

> Meu filho, Jay, saiu para encontrar comigo e com Jeff, meu outro filho, no estacionamento do prédio em que morava na tarde de 28 de junho de 1994, um dia de verão. Ele me

contou que acabara de receber uma ligação: o pai, Jack, meu companheiro de tantos anos, estava morto. Era como se alguém tivesse entrado em meu corpo e rasgado meu coração ao meio. Fui invadida por todo tipo de nervosismo, sensação, emoção e medo, como se uma onda enorme me envolvesse. Minha mente não conseguia assimilar aquela notícia como verdadeira. Meu corpo a rejeitou, e continuei tremendo no estacionamento.

Alguma coisa — ou melhor, Alguém, meu Senhor precioso, assumiu o controle da situação e começou a fazer o que era necessário. Primeiro, tive de descobrir onde Jack estava. Em seguida, precisei tomar as providências necessárias, avisar nossos familiares e *segurar a barra* por causa de meus filhos. Meu corpo fez tudo o que precisava, mas em termos espirituais e emocionais, era como se eu estivesse apenas assistindo a tudo, e não participando.

Quando eu e meus filhos pegamos o carro e saímos de San Marcos para College Station para retirar o corpo, minha mente foi tomada por um pensamento: "E agora? Em que você acredita?". E aí, assim como uma fonte, todas as coisas que eu cria a respeito de Deus começaram a jorrar. Em minha mente, as respostas eram: "Eu creio que tu és soberano. Creio que tu és amor. Creio que todas as coisas te são possíveis. Creio em tua misericórdia...". Conforme as características de Deus fluíam em minha mente, uma paz que ultrapassa todo entendimento encheu meu ser. Até hoje, quando os problemas do cotidiano ameaçam me tragar, começo a louvar a Deus por quem ele é, e a vida volta ao devido lugar.

Quando deitei na cama naquela noite, uma canção de meus tempos de criança não saía de minha cabeça: "Jesus me ama, e disso eu sei porque a Bíblia me diz". Aquelas palavras tão simples e, ao mesmo tempo, tão profundas e verdadeiras aliviaram minha alma. Hoje, quando sinto que minha vida não pode seguir adiante porque meus sonhos foram desfeitos e porque o único homem que me fez sentir uma pessoa completa se foi, volto-me para o Deus único, que me restaura.

Os salmos nunca foram tão doces e as promessas de Deus, tão reais. Descobri que louvar a Deus todos os dias por quem ele é me ajuda a superar as circunstâncias. Eu vi que Jesus Cristo é maior do que minha dor; que ele prometeu, em sua Palavra, que seria o Marido da viúva e o Pai dos órfãos; e que ele garantiu que sua graça seria suficiente. Aprendi, em primeira mão, que as palavras do Mestre são verdadeiras e duram para sempre.

Serei eternamente grata pelo fato de Deus ter me conduzido à Comunidade de Estudo Bíblico, onde, por meio do estudo da Palavra, entreguei minha vida ao Senhor. Ele me preparou, em várias áreas, para aquilo que sabia estar por vir. Depois de tudo a que Deus se submeteu por mim, não tenho motivo para duvidar de seu amor precioso. Não quero nem imaginar como seria minha vida agora se não tivesse conhecido Jesus Cristo pessoalmente e de modo tão íntimo antes da morte de Jack. De fato, Deus é ainda mais real e precioso para mim hoje do que quando o conheci. Com Deus, todas as coisas são possíveis, inclusive a vida longe da pessoa que amamos... pois Aquele que promete nunca nos deixar é eterno. Louvado seja seu nome!

Agora conheça minha amiga Alison. Ela e o marido, Steve, estavam casados havia pouco tempo quando a vida dele foi ceifada instantaneamente num acidente de carro. Alison ficou sozinha... e grávida. Ao contrário de Joy, ela não tinha um relacionamento longo com Jesus Cristo, por isso não tinha a mesma fonte de consolo para seu coração.

Sempre fiel, o Filho de Deus, em sua graça, colocou na vida de Alison um jovem chamado Duncan Shanklin. Os dois se casaram, e ele se tornou um pai maravilhoso para aquela criança. Logo o casal foi abençoado com outra filha. O nome dela era Megan. Quando ela tinha mais ou menos um ano, Alison e Duncan assinaram o financiamento para a nova casa que estavam comprando. Parecia que a vida deles finalmente teria um final feliz. Aí aconteceu a tragédia.

> Depois que eu perdi meu primeiro marido, Deus entrou em minha vida, mas permanecia à distância. Eu sabia a respeito da soberania do Senhor, mas não o conhecia mais de perto. Com certeza, ele operou um milagre em minha vida quando me uniu a Duncan, mas eu ainda estava apenas começando a descobrir Deus. Infelizmente, eu não dispunha de um exemplar das Escrituras para aprender mais sobre ele, mas o Senhor estava ali comigo, com certeza. O acidente que Megan sofreu, dois anos depois, foi um marco em nossa vida. Lembro claramente a enorme diferença nas pessoas que Deus providenciou para nos cercar naquele hospital. Os cristãos eram gente cheia de esperança e possuíam algo que eu queria muito.
>
> Na noite em que Megan morreu, lembro de voltar para casa orando: "Senhor, não tenho mais motivo para viver. Minha vida está em tuas mãos. Assume o controle". Três horas depois, recebemos um telefonema para voltarmos ao hospital. Por alguma razão desconhecida, a temperatura de Megan subira muito, e o Senhor a levou para o eterno lar.

Foi aí que tudo ficou mais claro para mim. Percebi que Deus era o único que sabia exatamente como eu estava me sentindo. Ele havia assistido ao sofrimento e à morte de seu Filho. Lembro-me de ter dito ao Senhor: "Não sei como alguém pode suportar isso. Como conseguirei voltar a ser feliz?". Também pensei no voto que eu fizera horas antes, quando disse: "Confio em ti, e sei que tu serás fiel". Foi como se ele tivesse respondido apenas: "Confie em mim, estarei lá".

Eu não conhecia as palavras de Isaías 43:1-2 naquela época, mas elas surgiram em minha vida: "Não temas, porque eu te remi; chamei-te pelo teu nome, tu és meu. Quando passares pelas águas, eu serei contigo; quando, pelos rios, eles não te submergirão; quando passares pelo fogo, não te queimarás, nem a chama arderá em ti". A passagem de Salmos 34:18 também se tornou real para mim: "Perto está o SENHOR dos que têm o coração quebrantado e salva os de espírito oprimido".

Naquele período, meu coração estava dilacerado, mas Deus me mostrou como buscá-lo, e passei a vê-lo em cada esquina. Ele estava lá, como prometera. Eu ainda tinha uma esperança. "Sabemos que todas as coisas cooperam para o bem daqueles que amam a Deus, daqueles que são chamados segundo o seu propósito" (Rm 8:28). Quase na mesma época em que Megan sofreu o acidente, tivemos mais um filho, Brooks. Foi uma bênção, e mais uma demonstração da fidelidade de Deus.

Naquele ano, o Senhor ensinou-me a esperar nele e nunca desistir. Ele aplicou o texto de Salmos 27:13-14 à minha vida: "Eu creio que verei a bondade do SENHOR na terra dos viventes. Espera pelo SENHOR, tem bom ânimo, e fortifique-se o teu coração; espera, pois, pelo SENHOR". Depois disso, Deus também nos abençoou com outra filha. Tínhamos tanta certeza de que seria um menino que sequer pensamos num nome para ela.

Alguém sugeriu "Kendall", e procurei saber o significado. É derivado de Salmos 126:3: "Com efeito, grandes coisas fez o SENHOR por nós; por isso, estamos alegres". Li os versículos 5 e 6, nos quais a Palavra de Deus diz: "Os que com lágrimas semeiam com júbilo ceifarão. Quem sai andando e chorando, enquanto semeia, voltará com júbilo, trazendo os seus feixes". Choramos muito. "Amém, essa é mesmo nossa vida!". Assim, assinamos a certidão de nascimento.

Durante aquele tempo, o Senhor fez que nossa vida desse uma volta completa, restaurando minha alma e dando-me uma alegria que nunca sonhei ser possível. Desde então, ele tem me concedido um ministério de palavras de consolo a mulheres que perderam o marido ou um filho. É um milagre o fato de eu poder dizer, com sinceridade, que sou grata não pelas perdas, mas por tudo o que Deus me proporcionou, pois tenho certeza de que não o conheceria como hoje se não passasse por tudo aquilo.

Alison é muito modesta e humilde quando relata os muitos casos de pessoas que ela e Duncan levaram a Deus desde que a realidade de Cristo se tornou tão vívida, depois daquela perda. Veja bem, eles não apenas *acreditam* que Deus é real. Eles *sabem* disso, pois, se não fosse assim, não teriam sobrevivido à tragédia que enfrentaram. Por causa dessa convicção, compartilham a fé o tempo todo. E têm muita coisa para contar.

Certa noite, participei de um grande encontro que os Shanklins, amigos de nossa família, promoveram com o propósito de falar de Jesus Cristo. O convite para conhecer o Senhor foi precedido pela exibição de um pequeno filme. Enquanto as pessoas assistiam, fiquei na parte de trás e vi Alison dar a volta e abraçar o marido, Duncan. Eles começaram a chorar... e eu também. Alison mostrou como a platéia estava atenta à mensagem sobre Jesus. Em seguida, ela sussurrou, chorando de alegria: "E tudo por causa de Megan".

Permita-me apresentar-lhe Jeanine Dooley. Segure-se, pois a história dela é impressionante. Nosso relacionamento começou há alguns anos, quando eu já tinha dois filhos e estava quase chegando aos trinta. Uma das pessoas de nossa classe da escola dominical apresentou um pedido de oração urgente certo domingo. Os dois filhos de uma mulher que morava em uma cidade próxima — um deles, um bebê — estavam gravemente doentes.

Os médicos estavam confusos pelo fato de as duas crianças ficarem doentes ao mesmo tempo, mas o prognóstico de ambos era sombrio. Como a maioria de nós era composta de mães da mesma idade, e com filhos na mesma faixa etária, ficamos arrasadas. Colocamos a face no chão diante de Deus em oração, intercedendo com todas as nossas forças. A idéia de o Senhor levar aquelas duas crianças, como os médicos temiam, era inconcebível para nós... até que aconteceu.

Fomos tomadas pela dor e pelo luto de um casal que nunca conhecemos. Todos nós oramos com fervor para que Deus desse àqueles pais uma razão para viver. Deus havia gravado aquele casal cristão de modo indelével em nosso coração, por isso ficamos muito alegres quando, mais ou menos um ano depois, ouvimos a notícia de que Deus tinha concedido a eles outro filho.

É impossível descrever nosso choque e nossa dor meses depois, quando soubemos que aquele bebê apresentara os mesmos sintomas dos irmãos. Passados alguns dias, chegou a informação de que o terceiro filho de Steve e Jeanine Dooley também estava no céu. Ficamos cheias de confusão e dúvidas, e nossa fé foi abalada como um barquinho em meio à tempestade. Eu e as pessoas de minha classe da escola dominical mal conseguíamos imaginar o sofrimento daquele casal, que estava arrasado. Aos 31 anos, Jeanine havia sepultado os três filhos que teve por causa de um problema genético raro, e nunca mais poderia engravidar.

Mesmo sem tê-los conhecido ou trocado correspondências, todas nós nos comprometemos a interceder até que Deus nos mandasse parar. Pouco depois, passei a dar aula para outra turma da escola dominical, e muitas de nós seguiram por caminhos diferentes dentro da igreja.

Durante muito tempo, aquele casal voltava à minha lembrança quase diariamente. Pelos dez anos seguintes, eu ainda pensava neles com freqüência. Não tinha nenhuma idéia do que havia acontecido com eles; também não sabia se o casamento deles havia sobrevivido a uma tragédia inimaginável como aquela. Há alguns anos, recebi uma carta em casa. Começava assim:

> Querida Beth,
>
> Você não me conhece, mas sinto como se eu a conhecesse. Você passou a ser uma pessoa muito familiar a mim por causa de seus estudos bíblicos. Há pouco tempo fiquei sabendo da perda de seu filho adotivo e o retorno dele à mãe biológica. Fiquei muito triste pelo que aconteceu, e estou escrevendo para contar-lhe que me comprometi a orar por você nesse momento de perda. Sei que, neste momento,

> você pode achar que nunca mais encontrará alegria para viver, mas escrevo para encorajá-la, pois Deus é fiel. Sei disso porque, há alguns anos, perdi três filhos...

Meus olhos começaram a correr por aquelas três palavras como se uma onda de choque tivesse atravessado meu ser. Eu só tinha conhecimento de um casal que teria perdido os três filhos. Virei as páginas da carta para ver a assinatura. Não há como descrever as sensações que tomaram conta de minha alma quando vi o que estava no fim da última página:

> Com amor e minhas orações,
> Jeanine Dooley.

Desabei em lágrimas e procurei o catálogo telefônico daquela pequena cidade. Meu corpo tremia todo quando liguei para ela, na mesma hora. Soluçando, eu disse: "Jeanine, orei continuamente por você com o rosto no chão diante de Deus quando soube da morte daquelas crianças tão preciosas! E agora é você quem ora por mim!".

Naquele momento, insisti — como insisto agora — que nossas perdas não poderiam ser comparadas. Michael ainda está vivo. Nosso sofrimento não era similar, de maneira nenhuma. No entanto, o que havia em comum era nossa determinação de passar pelo problema com Cristo, não importava o que surgisse no caminho. Por causa disso, estabelecemos uma amizade a distância.

Nenhuma das duas poderia conceber como o Senhor uniria nossa vida por meio de uma oração por pessoas que nunca se conheceram pessoalmente — ainda que fossem irmãs em Cristo. Quando comecei a escrever este livro, sabia que não seria capaz de fazê-lo sem Jeanine. Ela é a prova de que podemos sobreviver a qualquer perda, confiando em Deus para nos sustentar, restaurar e até nos proporcionar alegria, sentido e vida abundante. Quando perguntei se poderia usar a história de Jeanine e os trechos das Escrituras aos quais se apegou quando estava arrasada, ela escreveu:

> Considero esta oportunidade muito oportuna para compartilhar as Escrituras que Deus usou para me proporcionar a cura [...] Há muitos anos, pedi a Deus que me usasse de qualquer maneira que pudesse glorificar seu nome e de modo que levasse consolo àqueles que estão passando pelo sofrimento. Neste ponto de minha vida, sinto que Deus me trouxe a uma posição em que 2Coríntios 1:3-4 tornou-se uma realidade, e parte daquilo que sou: "Bendito seja o Deus e Pai de nosso Senhor Jesus Cristo, o Pai de misericórdias e Deus de toda consolação! É ele que nos conforta em toda a nossa tribulação, para podermos consolar os que estiverem em qualquer angústia, com a consolação com que nós mesmos somos contemplados por Deus".
>
> Isso é uma parte da essência de meu ministério nesta terra. Nunca poderei dizer que estou feliz por ter perdido meus filhos nem que acho que Deus tenha planejado que as coisas acontecessem daquela maneira. Mas posso afirmar que minhas perdas foram transformadas em força para viver e considero um privilégio servir a Deus naquilo que ele achou que seria mais adequado para mim.
>
> O que desejo mais que qualquer coisa é crescer em intimidade com o Senhor, servi-lo e falar a todos quantos possa que Jesus Cristo é Senhor; e que, por mais que a vida na terra possa ser maravilhosa, nada se compara àquilo que está preparado para nós na glória.

Dessa vez, a carta não estava assinada por uma estranha nem por uma amiga, mas por uma heroína.

Com amor,
Jeanine.

A maior parte das Escrituras que reescrevi em formato de oração neste livro foi fornecida por Joy, Alison e Jeanine. Menciono seus nomes para que você não se sinta tentada a espiritualizá-las ou categorizá-las. As histórias por que passaram não são fábulas. Elas mesmas não são anjos. Nem sobre-humanas. São pessoas reais, de carne e osso, que possuem sentimentos vivos e verdadeiros, e não apenas passaram por sofrimentos reais, como também viveram para descobrir um Redentor real e vivo que *opera... exatamente como ele promete.*

Também sugiro, de modo enfático, que você veja as orações bíblicas do livro que fala a respeito da vitória sobre a depressão. Muitas daquelas orações baseadas nas Escrituras também podem ser aplicadas e proporcionar saúde à sua alma, mesmo se os desafios que você enfrenta neste momento não tenham a ver diretamente com a questão da depressão.

Não tenho idéia do que trouxe você a esta página do livro. Pela fé, porém, sei de uma coisa: seja qual for o motivo, Deus anseia por ministrar sobre sua vida, oferecer conforto, restauração e uma vida de abundância que, de outra maneira, você jamais conheceria. Às vezes, nos apegamos a nosso desespero como um modo de manter a ligação com a pessoa amada. Em outras oportunidades, lutamos com um sentimento inabalável de que trairemos a pessoa amada se ousarmos ser felizes novamente.

Por favor, saiba que Deus tem um plano para sua vida: um plano para proporcionar esperança e um futuro (Jr 29:11). Satanás também tem um plano para você, que é o de acabar com sua esperança e roubar seu futuro. A qualidade de sua vida está na balança. Só você pode decidir. Querida irmã, querido irmão... escolha Cristo.

Orações

Mesmo que a figueira não floresça nem haja fruto nas videiras; mesmo que a colheita das oliveiras seja ruim e que os campos não produzam alimento; mesmo que não haja ovelhas no redil nem gado nos currais, ainda assim eu me alegrarei em ti, meu Senhor; celebrarei em Deus, meu Salvador. Tu, Soberano Senhor, és minha força. Fazes meus pés como se fossem os da corça, e me capacitas a alcançar grandes alturas (Hb 3:17-19). Pai, é inconcebível, mas verdadeiro, que tu podes me levar a lugares bem mais elevados do que as profundezas por que precisei passar.

Mesmo em minha velhice e quando eu tiver cabelos brancos, tu continuarás sendo o mesmo, ó Deus. Tu és aquele que me sustenta. Tu me criaste, e também me conduzirás; tu me darás teu sustento e me resgatarás. Eu me lembrarei das coisas que se passaram há muitos anos. Tu és Deus, e nenhum outro há como tu (Is 46:4,9).

Certamente tu, Jesus, tomaste sobre ti minhas enfermidades e carregaste minhas dores, ainda que te considerássemos aflito, ferido de Deus e oprimido. Mas tu foste traspassado pelas minhas transgressões e esmagado pelas minhas iniqüidades. A punição que me proporcionou a paz estava sobre ti, e pelas tuas feridas fui curado (Is 53:4-5).

Ó profundidade da riqueza, tanto da sabedoria como do conhecimento de Deus! Quão insondáveis são seus juízos, e quão inescrutáveis, seus caminhos! Quem, pois, conheceu a mente do

Senhor? Ou quem foi seu conselheiro? Ou quem primeiro deu a ele para que lhe venha a ser restituído? Porque dele, e por meio dele, e para ele são todas as coisas. A ele, pois, a glória eternamente. Amém (Rm 11:33-36).

Senhor, quando olho para tuas obras, às vezes me sinto como o autor de Eclesiastes: "Quem poderá endireitar o que ele torceu?". Quando as coisas vão bem, devo me alegrar. No dia da adversidade, porém, penso: tu fizeste tanto um dia quanto o outro (Ec 7:13-14).

Senhor Deus, segundo tua Palavra, há um tempo determinado para cada coisa, e uma temporada específica para cada tipo de atividade sob o céu: há tempo de nascer e tempo de morrer; tempo de plantar e tempo de arrancar o que se plantou [...] tempo de chorar e tempo de rir; tempo de prantear e tempo de dançar de alegria (Ec 3:1-2,4). Tu és o Criador e Sustentador do tempo. Nada está fora de teu controle.

Senhor, em meu coração planejei meu curso, mas tu és aquele que determina meus passos (Pv 16:9). A vida não está correndo de acordo com aquilo que planejei. Sou grata porque tu sempre estás atento. Sabias de tudo o que aconteceria comigo. Por favor, dirige meus passos de acordo com tua vontade. Preciso de ti, Senhor. Carrega-me quando eu não puder caminhar.

Ainda que eu ande em meio à tribulação, tu preservas minha vida. Estendes tua mão contra a ira de meus inimigos, e com tua mão direita me salvas. Tu, Senhor, cumprirás teu propósito em minha vida. Teu amor, ó Deus, dura para sempre. Não abandones as obras de tuas mãos (Sl 138:7-8).

Pai, sob a inspiração de teu Espírito Santo, o autor do salmo 119 afirmou: "Foi-me bom ter eu passado pela aflição, para que aprendesse os teus decretos. Para mim vale mais a lei que procede de tua boca do que milhares de ouro ou de prata. As tuas mãos me fizeram e me afeiçoaram; ensina-me para que aprenda os teus mandamentos. Alegraram-se os que te temem quando me viram, porque na tua palavra tenho esperado" (v. 71-74). Estou apenas começando a compreender o que ele quis dizer. Nunca sabermos o que tu e tua Palavra podem significar e operar até que sejamos tão afligidos a ponto de não podermos mais viver sem ti. Por favor, concede-me abundância de teu Espírito e ensina-me tua Palavra poderosa, de modo que eu possa compreender o sentido de toda essa tragédia.

Que teu amor que nunca falha seja meu consolo, de acordo com tua promessa a teu servo. Que tua compaixão venha a mim para que eu viva; pois tua lei é meu prazer. Minha alma desfalece, ansiando por tua salvação. Contudo, minha esperança está depositada em tua palavra (Sl 119:76-77,81).

Eu te amo, Senhor, pois tu ouves minha voz e minhas súplicas. Pelo fato de terdes inclinado para mim teus ouvidos, clamarei a ti enquanto eu viver. Fui envolto em laços de morte, a angústia do inferno veio sobre mim; caí em tribulação e tristeza. Então clamei ao Senhor: "Ó Deus, livra minha alma". Tu, Senhor, és compassivo e justo; meu Deus é misericordioso. Tu, Pai, proteges os simples; quando eu estava prostrado, tu me salvaste. Ah, minha alma, descansa de novo, pois o Senhor tem sido generoso (Sl 116:1-7).

Meu Deus está no céu; ele faz aquilo que lhe agrada (Sl 115:3). Senhor, às vezes minha única resposta será a declaração de que tu és soberano. Tua Palavra afirma que a morte de teus santos te é preciosa (Sl 116:15). Um dia, terei todas as respostas. Até lá, devo confiar que tu tens poder e domínio sobre todas as coisas, e que tu sabes mais. Ajuda-me a *crer* nisso, mesmo quando eu não *sinta* isso.

Clamo a ti, Senhor, em meu momento de dificuldade. Salva-me de minhas angústias (Sl 107:13).

Desejo habitar em teu abrigo, Altíssimo. Descansarei à sombra do Onipotente. Direi de ti, Senhor: "Tu és meu refúgio e minha fortaleza, Deus meu, em quem confio" (Sl 91:1-2).

Tu és compassivo e bom, ó Senhor, rico em amor para com todos os que te invocam. Ouve minha oração, ó Senhor; ouve meu pedido de misericórdia. No dia de minha angústia, clamarei a ti porque me responderás (Sl 86:5-7).

Tu estás sempre comigo; tu me seguras pela minha mão direita. Tu me orientas com teu conselho e depois me recebes na glória. Quem tenho no céu além de ti? Não há outro a quem eu deseje na terra. Minha carne e meu coração podem falhar, mas tu, ó Deus, és a força de meu coração e minha herança para sempre [...] Quanto a mim, é bom estar junto a ti, meu Deus. Fiz de ti, soberano Senhor, meu refúgio. Anunciarei todos os teus feitos (Sl 73:23-26,28).

Poderoso Deus, sê minha rocha de refúgio, à qual posso sempre voltar. Proclama a ordem para me salvar, pois tu és minha rocha e minha fortaleza (Sl 71:3).

Senhor Deus, de acordo com tua Palavra, nossa "leve e momentânea" tribulação (em relação à eternidade) produz para nós eterno peso de glória, acima de qualquer comparação. Por isso, fixo meus olhos não nas coisas que se vêem, mas nas que não podem ser vistas. As coisas que se vêem são temporais, e as que não podem ser vistas são eternas (2Co 4:17-18).

Tu me dizes, Senhor: "A minha graça te é suficiente, pois o meu poder se aperfeiçoa na fraqueza". Por essa razão, eu me gloriarei com mais satisfação em minhas fraquezas, de modo que teu poder repouse sobre mim (2Co 12:9).

Ajuda-me, Senhor, a não me fatigar de fazer o bem, porque no tempo apropriado farei a colheita, se me mantiver firme e não desistir (Gl 6:9).

Tu, ó Deus, nunca me deixarás. Nunca me abandonarás (Hb 13:5). Tu és a única garantia absoluta que tenho em tudo na vida. Ajuda-me a não me afastar da única coisa que não posso perder.

Ajuda-me, Senhor, a compreender, por fim, o que significa ser motivo de alegria para ti o fato de eu passar por várias provações. Ajuda-me a entender que os testes à minha fé produzem perseverança, e que ela deve completar a obra em mim, de modo que eu seja perfeita e íntegra, e nada me falte (Tg 1:2-4). Senhor, tu não pedes que eu me alegre por perder alguém ou alguma coisa preciosa, mas sabes que, em minha perda, posso me alegrar em tudo quanto posso ganhar, se demonstrar disposição para isso. Que meu sofrimento nunca seja em vão.

"Às vezes, a alegria precisa de sofrimento para nascer. Fanny Crosby jamais poderia ter escrito seu belo hino *I Shall See Him Face-to-Face* [Eu o verei face a face] se não fosse o fato de ela jamais poder vislumbrar os campos verdes, o sol se pondo ou os olhos da mãe. Foi a perda da visão que a ajudou a ganhar o discernimento espiritual que a notabilizou."

Sra. Charles E. Cowan, em *Streams in the Desert* [1]

---

[1] Ed. bras.: *Mananciais no deserto*. Venda Nova, Betânia, 1986.

capítulo sete

Como derrotar a incapacidade de perdoar

Não importa quão diferentes sejam os vários desafios que devemos enfrentar, todo cristão pode ter certeza de que muitos deles exigirão *capacidade de perdoar*. Lembre-se de que a prioridade do plano de Deus na vida de seus filhos é moldá-los à semelhança de Jesus Cristo. Nenhuma outra palavra sintetiza melhor o caráter do Senhor em seu relacionamento conosco do que "perdão". A melhor maneira de sermos parecidos com Cristo é colocando o perdão em prática. Considerando que é esse o objetivo de Deus, então temos muitas oportunidades diante de nós!

Acredito que possamos dizer, com segurança, que nós, na qualidade de embaixadores de Cristo nesta geração, somos convocados a um ministério de perdão. Sendo assim, pergunto: como você está se saindo nesse ministério? Está passando por muito sobe-e-desce? Poucos triunfos e um bocado de fracassos? Eu também! Mas oro para que Deus esteja sendo tão insistente em tornar você uma pessoa disposta a perdoar quanto tem sido comigo.

Quanto mais caminho com Deus em oração e em sua Palavra, aprendendo a amá-lo mais, menor é meu desejo de que ele me deixe totalmente solta. Estou aprendendo que a disposição de um cristão para fazer "a coisa mais difícil" é exatamente o que o habilita para o que há de mais extraordinário na fé em Cristo. Estou começando a aprender a dizer: "Senhor, minha natureza carnal resiste tanto àquilo que tu desejas de mim neste momento que mal posso suportar. Mas não pára, Senhor! *Insiste* em tirar o melhor de mim. *Insiste*, por tua glória. Coloca-me no caminho certo nessa questão, Deus. Não me dá trégua até que tenhamos chegado até o fim dessa jornada".

Lembro-me de quando eu costumava reclamar: "O que tu *esperas* de mim, Senhor?". Hoje em dia, o que mais desejo é que Deus espere mesmo muito de mim. Não quero ocupar o breve tempo da vida com mediocridades. Você também pensa assim?

Somos tomados de alegria e vitória sem comparação quando permitimos que Cristo faça "a coisa mais difícil" conosco. Talvez nada seja tão difícil quanto o perdão. Sejamos sinceros: todos nós já passamos por algum tipo de experiência na qual enfrentamos o terrível desafio de perdoar alguém. Algumas pessoas são... digamos... *imperdoáveis*. Discutimos com Deus, argumentando que as mágoas e feridas a nós infligidas não são proporcionais.

Por exemplo, às vezes, a pessoa que nos magoa não se desculpa pelo que fez. Ou não assume a responsabilidade. Ou já morreu. Ou então, a pessoa pode até sentir muito por nos ter magoado, mas se recusa a compensar o prejuízo que causou. Talvez ela simplesmente não mereça nosso perdão. Afinal de contas, perdoar é uma maneira de fazer todas as coisas voltarem a ficar bem, e tudo o que nós queremos é mostrar que não está tudo bem!

Contudo, quando damos ouvidos à verdade, ela começa a fazer desmoronar nossa montanha de desculpas: *não ficaremos bem enquanto não perdoarmos*. Se, pelo menos, pudéssemos compreender que o objetivo dessa insistência de Deus em relação à nossa disposição de perdoar é nosso próprio bem, mais do que o da pessoa que nos magoou... Deus é fiel. Ele defenderá nossa causa... mas apenas quando tomarmos uma decisão firme de não tentar mais assumir a defesa por nossa conta.

Inúmeras fortalezas espirituais do mal estão vinculadas à falta de disposição de perdoar. Se não for devidamente tratada, a incapacidade de perdoar se torna um câncer espiritual. A amargura finca suas raízes, e como a raiz é a parte que alimenta toda a árvore, então cada ramo de nossa vida e cada fruto na ponta do galho será, no fim do processo, envenenado. Amados irmãos e irmãs, a conclusão é a seguinte: a incapacidade de perdoar sempre nos faz adoecer espiritualmente; com freqüência, também nos abala em termos emocionais; e, muitas vezes, até provoca males físicos.

Por favor, tenha em mente que o perdão não é determinado por algum tipo de sentimento, embora, em última análise, ele até mude aquilo que sentimos. A palavra grega traduzida com maior freqüência por "perdão" nas Escrituras do Novo Testamento é *aphiemi*, que significa "enviar para bem longe, permitir que algo se afaste. Deixar de exercer poder ou de reter a posse sobre alguma coisa. Tirar algo da lista de [...] preocupações ou ocupações".[1]

O perdão é nossa disposição convicta e deliberada de permitir que alguma coisa deixe de incomodar; de não mais reter a posse sobre aquilo; de estar pronto para não se ocupar mais com aquele problema. Deus não nos pede para tratar o problema

[1] Spiros ZODHIATES (ed.), *The Complete Word Study Dictionary: New Testament*, Iowa Falls, World Bible, 1992, verb. 863, p. 299.

como se nunca tivesse acontecido. Perdoar significa deixá-lo *nas mãos de Deus*. O problema sai de nossa alçada e passa para a do Senhor.

O perdão é o ato *contínuo* segundo o qual concordamos com Deus a respeito daquela questão, colocamos em prática a misericórdia que ele estendeu a nós e colocamos a situação nas mãos do Senhor, bem como as repercussões e a pessoa que provocou a mágoa.

Não espere que Satanás vá permitir que você se livre com facilidade da incapacidade de perdoar. Esteja pronta para reassumir um compromisso com o perdão a cada dia, até que se sinta realmente liberta. O texto de 2Coríntios 2:11 nos alerta que devemos perdoar "para que Satanás não alcance vantagem sobre nós, pois não lhe ignoramos os desígnios". A *Versão Almeida Revista e Corrigida* diz que devemos perdoar "para que não sejamos vencidos por Satanás" (v. 10).

A Palavra de Deus é muito clara quando ensina que Satanás se aproveita de todas as vezes em que deixamos de perdoar. A incapacidade de conceder o perdão constitui uma das formas mais poderosas e eficazes de escravidão na vida da pessoa que crê. Não podemos transigir. Sim, essa fortaleza precisa ser demolida, mas a liberdade que se sente quando o perdão acontece de fato é algo inexprimível! O perdão é a "perda de peso" definitiva!

Esse tema tão importante está distribuído em três segmentos. Neste primeiro, você encontrará uma lista de orações baseadas nas Escrituras semelhantes às que já viu em outros capítulos. Em seguida, verá uma parte que explica a importância de orar especificamente sobre a pessoa a quem você está resistindo a conceder o perdão. Por fim, encontrará uma explicação e uma abordagem para aprender a orar por essa pessoa.

Cada segmento é fundamental para acabar com a horrível escravidão da incapacidade de perdoar. Por favor, não deixe de ler os comentários relacionados aos outros dois segmentos deste livro antes de continuar fazendo as orações bíblicas. Acredito que você se beneficiará muito quando assimilar o objetivo maior. Seja forte e tenha coragem! Seja qual for o problema... todos somos capazes de perdoar.

Orações

Senhor, por mais difícil que seja para mim compreender ou assimilar esse conceito, tua Palavra é clara: se eu perdoar as pessoas quando elas pecarem contra mim, tu, Pai celeste, também me perdoarás (Mt 6:14).

Senhor Deus, se eu não perdoar os pecados que as pessoas cometem, tu, meu Pai, não perdoarás os meus (Mt 6:15).

Pai, de acordo com tua Palavra, se eu julgo as pessoas, também serei julgado, e com o mesmo critério que eu usar para fazê-lo (Mt 7:1-2).

Cristo Jesus, quando não resisto à tentação de julgar, condenar ou negar o perdão a alguém, posso ouvir tua Palavra que me diz: "Aquele que dentre vós estiver sem pecado seja o primeiro que lhe atire pedra" (Jo 8:7). *Não sou* uma pessoa sem pecado. Se eu disser que não tenho pecado nenhum, a mim mesmo estarei enganando, e a verdade não estará em mim (1Jo 1:8).

Senhor, em qualquer circunstância na qual eu julgar uma pessoa, tua Palavra diz que estarei condenando a mim mesmo, pois pratico as mesmas coisas que condeno. Agora sei que teu julgamento contra os que fazem essas coisas é baseado na *verdade*. Assim, se eu, como mero ser humano, me aventuro a julgar os outros sendo praticante dos mesmos atos que condeno, como poderia escapar de teu julgamento? (Rm 2:1-2).

Senhor, devo perguntar a mim mesmo por que fico olhando para o cisco no olho de outras pessoas e não reparo na trave que está alojada no meu. Como posso dizer a meu irmão: "Deixe-me tirar o cisco de seu olho", quando tenho, o tempo todo, uma trave no meu? Ó Deus, guarda-me de ser uma hipócrita! Dá-me a honestidade e a coragem para tirar primeiro a trave de meu olho para, então, enxergar melhor e ser capaz de tirar o cisco do olho das outras pessoas (Mt 7:3-5).

Jesus, quando Pedro se aproximou de ti e perguntou: "Senhor, até quantas vezes meu irmão pecará contra mim, que eu lhe perdoe? Até sete vezes?", tu respondeste a ele: "Não te digo que até sete vezes, mas até setenta vezes sete" (Mt 18:21-22).

Senhor, na parábola do servo incompassivo, a única pessoa que, no fim da história, acabou sendo presa e entregue aos algozes foi aquela que não estava disposta a perdoar (Mt 18:33-34). Ajuda-me, Pai, a entender que o preço que se paga pela incapacidade de perdoar é muito alto. Esse tipo de atitude é escravizante e provoca sofrimento. De acordo com tua Palavra em Mateus 18:35, tu podes me permitir sofrer as mesmas conseqüências se eu me recusar a perdoar, de todo o meu coração, uma pessoa que tenha pecado contra mim.

Senhor, tua Palavra me diz que, quando eu estiver orando, se tenho alguma coisa contra alguém, devo perdoar essa pessoa para que tu, meu Pai celestial, possa me perdoar os pecados (Mc 11:25).

Deus, se eu estiver fazendo minha oferta a ti durante a adoração ou o culto e lembrar que meu irmão tem alguma coisa contra mim, devo deixar essa oferta diante do altar. Antes de entregá-la, preciso reconciliar-me com meu irmão, e só então posso voltar e entregar minha oferta (Mt 5:23-24). Ajuda-me a ser obediente à tua vontade, Deus.

A amargura é como uma pedra atirada numa lagoa bem calma: depois do movimento inicial das águas, ela projeta círculos concêntricos que se espalham e mexem com toda a superfície do lago. Começa conosco, depois se expande para o cônjuge, em seguida para os filhos, os amigos e os conhecidos.
Dr. Chuck Lynch, em *I Should Forgive, but...*

Tua Palavra me questiona: por que julgo ou desprezo meu irmão? Reconheço hoje, Senhor, diante de ti, que todos nós compareceremos perante teu tribunal. Está escrito: "Por minha vida, diz o Senhor, diante de mim se dobrará todo joelho, e toda língua dará louvores a Deus". Assim, cada um de nós dará contas de si a Deus. Por essa razão, ajuda-me a não julgar mais os outros. Em vez disso, desejo tomar a decisão de não colocar mais nenhum obstáculo ou pedra de tropeço no caminho de meu irmão (Rm 14:10-13).

Senhor, minha consciência está limpa, mas isso não faz de mim uma pessoa inocente. Quem me julga é Deus. Portanto, não quero julgar nada antes do tempo. Tua Palavra me diz que devo esperar por tua vinda. Quando isso acontecer, tu trarás à luz as coisas que estão escondidas nas trevas e manifestarás as motivações dos corações humanos. Aí então cada um receberá o seu louvor da parte de Deus (1Co 4:4-5).

Senhor Deus, ajuda-me a falar e agir como aquelas pessoas que serão julgadas pela lei da liberdade, pois o julgamento sem misericórdia será o critério para os que não foram misericordiosos. A misericórdia triunfa sobre o juízo (Tg 2:12-13).

Se eu não julgar, eu não serei julgada. Se eu não condenar, também não serei condenada. Se eu perdoar, receberei o perdão (Lc 6:37). Ajuda-me, Senhor, a ampliar o alcance da graça, e continuarei a receber mais graça também!

Senhor Deus, perdoa meus pecados, pois também perdôo todos que pecaram contra mim. Não me permita cair em tentação (Lc 11:4). Senhor, confesso a ti que uma de minhas maiores tentações é a de recusar a conceder perdão aos outros. Por favor, ajuda-me a discernir a realidade de tua vontade no que diz respeito a esse assunto.

Deus Pai, tua Palavra afirma que, se alguém pecar contra mim sete vezes no mesmo dia, e essa pessoa me procurar sete vezes dizendo que está arrependida, então devo perdoá-la (Lc 17:4). Desejo ser obediente a ti, por isso peço que tu me capacites a fazer tua vontade.

Senhor Jesus, quando tu estavas sendo conduzido à execução, depois de ser espancado, ridicularizado e cuspido, disseste: "Pai, perdoa-lhes, porque não sabem o que fazem" (Lc 23:34). Se tu és capaz de perdoar coisas como aquelas que te fizeram sendo inocente, eu também posso perdoar, em tua força e teu poder, as coisas que fazem contra mim. Também reconheço que aquelas pessoas que me magoam nem sempre sabem o que estão fazendo nem medem as conseqüências de suas ações.

Perdoa minhas dívidas, Senhor, assim como tenho perdoado aos meus devedores (Mt 6:12).

Pai, ajuda-me a compreender que o castigo e as conseqüências que advêm sobre as pessoas que cometem erros costumam ser suficientes para elas. Em vez de provocar mais sofrimento, tua Palavra diz que devo perdoá-las e confortá-las para que não sejam consumidas por uma tristeza excessiva (2Co 2:7). Senhor, ajuda-me a ser o mesmo tipo de pessoa que eu gostaria que ministrasse a mim quando cometo erros.

Reter o perdão até que a pessoa que cometeu a ofensa compreenda ou reconheça o sofrimento emocional que causou é uma forma sutil de vingança. Por quê? Porque é o mesmo que desejar ao ofensor que sofra um pouquinho também e, assim, entenda o que fez. Mas esse tipo de vingança nos priva de liberdade, além de permitir à outra pessoa manter o controle sobre nossa vida.

Dr. Chuck Lynch, em *I Should Forgive, but...*

Como orar a respeito da pessoa que devemos perdoar

Se nossa incapacidade de perdoar tem relação com alguma pessoa, uma das partes mais importantes do processo de libertação é aprender a orar *a respeito* dessa pessoa e também *por* ela, se ainda estiver viva. (Ficaríamos chocados se tivéssemos idéia de quanta gente vive em escravidão por causa de pessoas que já morreram!) Vamos esclarecer, antes de tudo, a diferença entre orar *a respeito* de uma pessoa e orar *por* ela.

Tenha em mente que, nos dois tipos de oração, o desejo de Deus é transformar nosso próprio coração. Minha experiência tem indicado que orar *sobre* a pessoa que nos magoa é necessário para que tenhamos o mínimo de liberdade para orar com sinceridade *por* ela.

O que quero dizer quando falo em orar *a respeito de* alguém? Quero dizer que devemos aprender a falar com Deus sobre essa pessoa. Sim, estou me referindo a *fazer fofoca*; a dizer para Deus o que a pessoa lhe fez e como aquilo lhe aborreceu; a aprender a contar para Deus tudo o que você está sentindo e como foi injusta a maneira pela qual essa pessoa agiu.

Talvez você esteja pensando: "Isso é uma irreverência diante de Deus!". Ou então tenha medo de que um raio vindo do céu lhe atinja por falar mal de alguém diante do Senhor. Nosso Deus sábio, que criou o coração dos seres humanos, pegou de propósito o coração de Davi como exemplo. Não por mera coincidência, Davi foi aquele que Deus inspirou para escrever as palavras libertadoras de Salmos 62:8, que diz: "Confiai nele, ó povo, em todo tempo; derramai perante ele o vosso coração; Deus é o nosso refúgio".

Um salmo após o outro prova que Davi colocou em prática aquilo que ele pregava. Davi, o homem segundo o coração de Deus, é a mesma pessoa que falou àqueles que o haviam magoado ou ofendido, usando palavras como estas:

> Pois não têm eles sinceridade nos seus lábios; o seu íntimo é todo crimes; a sua garganta é sepulcro aberto, e com a língua lisonjeiam.
>
> Salmos 5:9

> Insensíveis, cerram o coração, falam com lábios insolentes; andam agora cercando os nossos passos e fixam em nós os olhos para nos deitar por terra [...] Levanta-te, SENHOR, defronta-os, arrasa-os; livra do ímpio a minha alma com a tua espada.
>
> Salmos 17:10-11,13

> Mas eu sou verme e não homem; opróbrio dos homens e desprezado do povo.
>
> Salmos 22:6

> Tornei-me opróbrio para todos os meus adversários [...] os que me vêem na rua fogem de mim. Estou esquecido no coração deles, como morto.
>
> Salmos 31:11-12

> Então, disse eu: quem me dera asas como de pomba! Voaria e acharia pouso. Eis que fugiria para longe e ficaria no deserto. Dar-me-ia pressa em abrigar-me do vendaval e da procela [...] Com efeito, não é inimigo que me afronta; se o fosse, eu o suportaria; nem é o que me odeia quem se exalta contra mim, pois dele eu me esconderia; mas és tu, homem meu igual, meu companheiro e meu íntimo amigo.
>
> Salmos 55:6-8,12-13

Como essas palavras soam para você? Não parecem desabafos na hora da raiva, lamentos, queixumes e fofocas? E são mesmo! Nós também somos estimulados a levar nossas reclamações a Deus quando nos sentimos sobrecarregados. Em Salmos 64:1, Davi afirma: "Ouve-me, ó Deus, quando faço a minha *queixa*" (NVI, grifo da autora). Em Salmos 142:1-2, ele escreve: "Ao SENHOR ergo a minha voz e clamo, com a minha voz suplico ao SENHOR. Derramo perante ele a minha queixa, à sua presença exponho a minha tribulação".

Consegue entender o que estou tentando dizer? Davi colocou em prática aquilo que ele pregou em Salmos 62:8! O Espírito Santo, que inspirou aquele convite abençoado de Salmos 62:8, não diz que devemos derramar o coração diante de Deus apenas se tivermos coisas boas e alegres para apresentar ao Senhor.

O conceito de "derramar" sugere que algumas coisas alojadas em nosso coração precisam ser deixadas nas mãos de Deus — como a mágoa, a raiva, o desespero, a dúvida, a amargura, a incapacidade de perdoar e a confusão. A idéia é derramar as águas amargas que correm em nosso coração para que Deus possa fazer que voltem a fluir as fontes de águas doces e vivas.

Duas coisas importantes acontecem quando aprendemos a orar com sinceridade a respeito da pessoa que nos causou alguma mágoa:

1. *Derramamos a mágoa diante de Deus, em vez de permitir que ela permaneça em nós e se transforme em amargura.* Com certeza, não sou nenhuma especialista em aconselhamento, mas já vivi o suficiente para saber que todas as mágoas com que deixamos de lidar voltarão a nos afligir, mais cedo ou mais tarde! Derramar tudo o que esteja dentro de nosso coração diante do Senhor diminui muito a tendência à amargura.
2. *Articulamos nossos sentimentos, e assim os tornamos visíveis tanto a nós quanto a Deus.* Dessa maneira, também temos a oportunidade de ver se o problema parece ridículo, desproporcional ou se há justificativa. Às vezes, nossas orações podem nos ajudar a ganhar um pouco mais de discernimento no coração. Você se lembra de quando Jesus encontrou Maria Madalena diante do túmulo vazio e perguntou a ela: "Mulher, por que choras?" (Jo 20:15). A Bíblia diz claramente que Cristo olhava para o coração de todas as pessoas que encontrava e sabia tudo quanto elas estavam pensando. Jesus *sabia* por que razão Maria estava chorando. Sendo assim, por que fez aquela pergunta? Acredito que uma das razões foi porque desejava convidá-la a pensar no assunto e articular a resposta por conta própria.

Quando derramo meu coração diante de Deus sobre alguma mágoa que esteja sentindo, antes de tomar qualquer outra atitude, quase sempre me sinto bem melhor. Só o fato de tirar aquele peso de meu peito já ajuda muito. E quando sou muito dura em relação a alguém que apresento ao Senhor, costumo terminar a oração reavaliando meus sentimentos verdadeiros e dizendo a Deus que eu não tinha a intenção de ser tão cruel. Ao fazer isso, geralmente me sinto capaz de separar a verdade da ficção e discernir a diferença entre minhas impressões e a realidade.

Em outras ocasiões, porém, acontece o oposto. Quanto mais falo com Deus a respeito daquele assunto, mais me conscientizo de como aquilo me perturba. A boa notícia é que, neste caso, avanço um passo em meu processo de restauração, pois estou lidando com a questão, que é justamente o que preciso fazer.

Permita-me lembrar, mais uma vez, que não sou um exemplo de conduta. *As Escrituras* é que constituem o modelo a ser seguido. Nesse caso específico, *Davi* é um exemplo. Minha única contribuição é mostrar a você como me tornei uma pessoa mais saudável em termos espirituais, emocionais, mentais e, talvez, até físicos a partir do momento em que passei a colocar em prática algumas abordagens usadas por Davi em sua relação de intimidade com Deus. Afinal, elas são bíblicas!

Davi não foi a única pessoa mencionada pelas Escrituras que se sentiu à vontade para derramar o coração diante do Senhor. Dê uma olhada nas palavras de Jó 23:2-5,8-10:

> Ainda hoje a minha queixa é de um revoltado, apesar de a minha mão reprimir o meu gemido. Ah! Se eu soubesse onde o poderia achar! Então, me chegaria ao seu tribunal. Exporia ante ele a minha causa, encheria a minha boca de argumentos. Saberia as palavras que ele me respondesse e entenderia o que me dissesse.
>
> [...]

> Eis que, se me adianto, ali não está; se torno para trás, não o percebo. Se opera à esquerda, não o vejo; esconde-se à direita, e não o diviso. Mas ele sabe o meu caminho; se ele me provasse, sairia eu como o ouro.

Neste momento, é possível que estejamos entrando num tema que algumas pessoas podem considerar heresia. Jó estava, com certeza, derramando diante de Deus suas reclamações, mas repare quem está particularmente envolvido nessa queixa: *o próprio Deus*. A essa altura, talvez você baixe a cabeça, tentando fugir do assunto, mas não faça isso agora! Não estamos falando de nenhum livro secular de Psicologia, e sim da Palavra de Deus! O Deus de Jó não o matou. Na verdade, ele repreendeu os amigos de Jó por não falarem aquilo que era certo sobre o Senhor, "como o meu servo Jó" (42:7). Ele também duplicou a riqueza de Jó, que, depois de passar por aquilo tudo, foi aprovado no teste.

Não me entenda mal. *Não* estou estimulando a irreverência diante de Deus. Creio que a razão pela qual as queixas de Davi e Jó foram aceitas pelo Senhor era a demonstração sincera que davam do amor e da reverência que tinham por Deus. Lembre-se: o Pai celestial olha para o coração e ouve as palavras de nossa boca. Palavras de piedade que brotam de um coração irreverente desagradam muito mais ao Senhor do que palavras sinceras que fluem de um coração reverente.

Veja Jó 23:16-17: "Deus fez desmaiar o meu coração; o Todo-poderoso causou-me pavor. Contudo, não fui silenciado pelas trevas" (NVI). Esses dois versículos sugerem que Jó tinha muita reverência por Deus, e mesmo passando por uma situação horrível, não teve sua voz silenciada pelas trevas. O Senhor não é cruel nem nos proíbe de falar com ele nos momentos difíceis. Além disso, ele conhece nossos pensamentos. Lembre-se de que *Deus está mais interessado em relacionamentos do que em regras.*

Davi e Jó não eram os únicos a falar com o Senhor de maneira tão sincera. Abraão e Moisés, dois homens a quem Deus chamou de "amigos", também achavam que podiam abrir o coração diante do Pai para falar sobre algumas coisas negativas, de vez em quando. Veja bem, aqueles quatro homens tinham uma coisa em comum: relacionamentos genuínos, vivos e relevantes com Deus. Compartilharam alegrias, frustrações, júbilos e sofrimentos com o Senhor. Você também pode. Relacionamento íntimo é isso.

Este é o úncio segmento deste livro no qual não ofereço sugestões de orações bíblicas. Uma oração desse tipo demanda a apresentação, diante de Deus, dos sentimentos mais pessoais. Eu só queria ter a certeza de que trataríamos da importância de orar *a respeito* de alguém que nos magoa porque é parte vital do processo de libertação.

Pode falar com Deus de maneira sincera. Conte o que a magoou e quem foi o responsável por isso. Procure passagens dos salmos que falem a seu coração sobre o assunto e, em seguida, *coloque em prática com suas próprias palavras*! "Por quanto tempo e com que freqüência?", você pode perguntar. De acordo com sua necessidade, e não pare antes de derramar toda a sua amargura diante de Deus e receber dele a água viva. Confie nele em qualquer situação!

Como orar pela pessoa a quem devemos perdoar

Apenas por um momento, tente imaginar que seu coração é como um cântaro. Quando uma pessoa nos prejudica, o hábito que ainda mantemos por causa de nossa velha natureza é o de alimentar a mágoa no coração com pensamentos contínuos sobre o problema. A água no cântaro logo começa a ficar escura, ou mesmo contaminada.

Orar *a respeito* da pessoa a quem devemos perdoar é um jeito de inclinar o cântaro na direção do céu e derramar, aos poucos, nossos sentimentos negativos e nossas frustrações diante de Deus. Quando fazemos isso, acontece algo maravilhoso: abrimos espaços para que o Senhor possa derramar água viva dentro do cântaro. Nosso Deus onisciente sabe que um coração curado é um coração transformado. Enquanto não abrirmos espaço para receber água viva no cântaro, não seremos curados daquela mágoa, bem como da conseqüente incapacidade de perdoar.

Depois de derramar o coração diante de Deus e orar *a respeito* de alguém que nos causou alguma mágoa, chegou a hora de começar a fazer outro tipo de oração: *em favor* dessa pessoa. Já sei o que você pode estar pensando, pois eu pensava a mesma coisa: "Por que devo orar por uma pessoa que me causou um sofrimento tão grande?". Os caminhos de Deus não são como os nossos. O Senhor criou nossa psique, e só ele sabe como ela funciona. Criou nosso coração de modo tão singular, e tão à sua imagem, que só conseguimos nos sentir livres quando concedemos o perdão.

Deus honra nossa disposição de abençoar as pessoas nas situações em que a reação humana natural seria a de amaldiçoá-las. O texto de 1Pedro 3:9 diz tudo: "Não retribuam mal com mal, nem insulto com insulto; ao contrário, bendigam; pois para isso vocês foram chamados, para receberem bênção por herança" (NVI).

Repare bem neste trecho: "[...] para isso vocês foram chamados [...]". Já ouvi muita gente dizer: "Deus não pode querer que eu perdoe ou abençoe a vida daquela pessoa depois de tudo o que ela fez". Ah, mas é isso mesmo que ele deseja! Na verdade, é para esse tipo de atitude que fomos chamados! O convite para abençoar quando o resto do mundo optaria por amaldiçoar é uma das características que nos distinguem e fazem que as pessoas reparem em nossa fé.

O que ganharíamos se agíssemos da nossa maneira? Uma úlcera? Um coração rancoroso? Uma depressão permanente? Uma amargura tal que ninguém suportaria ficar perto de nós? Deus sabe o que faz. Ele criou as regras do coração. Quando optamos por seguir o caminho oposto ao que nossa natureza humana indica e enfrentamos a luta da maneira que o Senhor propõe, ficamos surpresos mais uma vez ao ver que ele tinha razão.

Vamos dar outra olhada em nosso velho amigo Jó. No capítulo 42, Deus declara que está zangado com os amigos de Jó porque não ofereceram aconselhamento divino ao companheiro em sofrimento. Depois de confrontá-los com seu descontentamento, Deus diz: "Tomai, pois, sete novilhos e sete carneiros, e ide ao meu servo Jó, e oferecei holocaustos por vós. O meu servo Jó orará por vós; porque dele aceitarei a intercessão, para que eu não vos trate segundo a vossa loucura" (v. 8).

Alguns versículos adiante, como dizem as Escrituras, "mudou o SENHOR a sorte de Jó, *quando este orava pelos seus amigos*; e o SENHOR deu-lhe o dobro de tudo o que antes possuíra [...] Assim, abençoou o SENHOR o último estado de Jó mais do que o primeiro" (v. 10,12, grifos da autora). Pelo fato de Jó estar disposto a abençoar aqueles que o haviam magoado, em vez de amaldiçoá-los, Deus ficou à vontade para abrir as comportas do céu e derramar bênçãos sobre a vida de seu servo.

Sem dúvida, o Senhor fará o mesmo por nós. Seja qual for a forma das bênçãos que recebamos, Deus nos fará prosperar quando estivermos dispostos a colocar nossas inclinações humanas no altar e agir de acordo com aquilo que ele nos orienta. Não devemos temer a fazer "a coisa mais difícil". Foi para isso que fomos chamados! E *herdaremos* nossa bênção.

A seguir, você encontrará um breve apêndice às orações relacionadas ao perdão. Isso lhe ajudará a começar a orar, de acordo com as Escrituras, *pela* pessoa que lhe causou alguma mágoa. Essa abordagem funciona! Eu não apenas a colocava em prática quando meu coração se recusava a perdoar alguém, como também testemunhei a transformação de várias pessoas que se dispuseram a obedecer a Deus.

Será que a pessoa pela qual você está orando vai mudar? Será que ela vai receber a bênção quando você reunir a coragem necessária para pedir isso ao Senhor? Talvez sim, talvez não. Ela é que saberá. Mas será que *seu* coração vai mudar? Será que você vai descobrir a liberdade para perdoar e receber as bênçãos? Com certeza! Veja o que Deus diz em sua Palavra e descubra. Veja qual parte das Escrituras se aplica à sua situação e, em seguida, ore com determinação! É possível que Deus honre mais aquela oração que fazemos com maior dificuldade.

Orações

Oro por ________________, para que tu concedas a essa pessoa espírito de sabedoria e de revelação, de modo que ela possa te conhecer melhor. Também peço que os olhos dessa pessoa sejam iluminados, para ela conhecer a esperança para a qual tu a chamastes, as riquezas de tua gloriosa herança nos santos e a suprema grandeza de teu poder para com os que crêem (Ef 1:17-19).

Oro por ________________, para que a sabedoria entre em seu coração, e o conhecimento seja agradável à sua alma. Oro para que essa pessoa seja guardada pelo bom senso; que a inteligência a proteja; que a sabedoria a livre do caminho do homem perverso (Pv 2:10-12).

Oro para que o amor de ______________ aumente mais e mais no conhecimento pleno e se aprofunde na percepção, de modo que essa pessoa seja capaz de discernir as melhores coisas e ser pura e inculpável para o dia de Cristo, cheia do fruto de justiça, por meio de Jesus Cristo, para a glória e o louvor de Deus (Fp 1:9-11).

Oro para que ______________ confie em ti de todo o seu coração e não se firme no próprio entendimento. Se essa pessoa te reconhecer em todos os seus caminhos, tu aplainarás a trilha que ela tem adiante (Pv 3:5-6).

Oro por ______________, para que essa pessoa não tenha uma mente carnal, que conduz à morte, mas tenha uma mente espiritual, que produz vida e paz (Rm 8:6).

Oro para que ______________ seja paciente, e não uma pessoa precipitada (Pv 14:29).

Oro para que a língua de ______________ proporcione cura [...] e que essa pessoa sempre tome cuidado com aquilo que fala (Pv 15:4; 21:23).

Oro, Senhor, para que tu mostres a ______________ os teus caminhos, e que essa pessoa possa conhecer tuas veredas. Guia-a em tua verdade e ensina-a, pois tu és Deus (Sl 25:4-5).

Pai, oro para que capacites ______________ a obedecer teu mandamento de te amar de todo o coração, de toda a alma e com toda a força (Dt 6:5).

Pai, o desejo de meu coração e minha súplica são para que ______________ receba a salvação (Rm 10:1).

Oro para que tu, Deus de esperança, encha ______________ de toda alegria e paz por crer em ti, de modo que essa pessoa seja abundante em esperança pelo poder do Espírito Santo (Rm 15:13).

Permita que ____________________ não se engane. Se essa pessoa se considera sábia nesse momento, faz com que ela se torne tola para adquirir sabedoria de fato. Porque a sabedoria deste mundo é loucura diante de ti, Senhor (1Co 3:18-19).

capítulo oito

Como derrotar a depressão

Desejo abordar este tema com muito cuidado e fazendo uma espécie de retratação: estou muito distante de ser uma especialista em depressão. Não sou médica nem conselheira profissional. Segundo as pessoas que se especializam nessa área, a sensação de depressão pode ter sua origem associada a inúmeros fatores, sejam eles psicológicos, fisiológicos ou espirituais.

No entanto, tenho plena convicção de que o conhecimento de Deus sobre a Medicina ultrapassa qualquer especialidade que existe. Ele é o grande Médico que conhece tudo a respeito dos mais intrincados detalhes de nosso coração, nossa mente, nossa alma e nosso corpo. Por maiores e mais significativos que sejam os avanços alcançados pela pesquisa científica, falta ao ser humano a capacidade de onisciência necessária para conhecer todas as tramas complexas do corpo. Fomos criados de um modo "assombrosamente maravilhoso", que foge à nossa compreensão.

A Palavra de Deus em Filipenses 4:6 nos exorta a orar a respeito de todas as coisas. Conseqüentemente, todas as coisas possuem a capacidade de ser afetadas pela oração. Essa *permissão* — na verdade, um *compromisso* — de orar por todas as coisas significa que, seja qual for a origem da depressão, a oração é uma parte muito importante do tratamento prescrito pelo Senhor.

Por essa razão, o que desejo neste livro é municiar o leitor de orações baseadas nas Escrituras que contemplem quaisquer causas do abatimento da alma. Por favor, use essas orações com qualquer outro tratamento que Deus prescrever para sua recuperação e restauração.

Ficar triste por alguns dias não constitui necessariamente uma depressão. Há uma grande diferença entre a sensação ocasional de abatimento e a depressão crônica. A depressão contínua se torna uma fortaleza espiritual porque, pela própria natureza, ela obstrui a sensação de bem-estar e esperança, sufocando a vida abundante.

Todas as formas e as origens da depressão num cristão estão incluídas no conjunto de especialidades de Deus. Devemos ser sóbrios para compreender também que elas podem ser usadas por Satanás, cuja especialidade é contradizer as realizações de Deus. Em outras palavras, para o Diabo não faz diferença qual seja a origem da depressão — ele fará de tudo para tirar proveito da situação.

De fato, acredito que essa seja uma de suas especialidades porque ele deixa suas marcas nesse processo. De que maneira? Peça a dez pessoas que descrevam sua depressão com uma palavra. A resposta mais comum, por incrível que pareça, será "trevas". Satanás é, sem dúvida, o príncipe das trevas. Ele é a antítese de nosso Deus, em quem não há treva alguma (1Jo 1:5). O Diabo é pura treva, e não há nele nenhuma luz. O melhor que consegue fazer é se passar por um anjo de luz.

É interessante notar que, enquanto se debate sobre a possibilidade de um cristão passar por depressão, as pessoas nas igrejas estão enfrentando esse problema em proporções cada vez maiores. É claro que *podemos* passar e *passamos* por depressão. É grande o mal que causamos à pessoa magoada quando nos tornamos juízes e júri, aplicando de modo inapropriado as Escrituras no combate às raízes do sofrimento do próximo!

A passagem bíblica contida em 1João 1:6 tem sido usada de maneira ofensiva contra cristãos que sofrem com a depressão. Ela diz: "Se dissermos que mantemos comunhão com ele e andarmos nas trevas, mentimos e não praticamos a verdade". Esse trecho das Escrituras costuma ser interpretado de modo errôneo, como se significasse que os verdadeiros cristãos não passam por momentos de trevas. É certo que aqueles que crêem constituem, sem sombra de dúvida, um povo da luz, mas há momentos nos quais a opressão das trevas que nos cercam é tal que somos capazes de *senti-la*.

Não, nós não somos gente "das trevas"; às vezes, porém, podemos *sentir* essas trevas. O conceito mais maravilhoso que 1João 1:6 apresenta à pessoa deprimida é que a disposição de manter um relacionamento com Deus em meio à dificuldade garante que os raios de sua maravilhosa luz sejam espargidos sobre nossa vida.

Ao longo desse livro, faremos referência a essas trevas que os cristãos podem sentir e experimentar quando passam por períodos difíceis da vida. Deus está sempre brilhando em meio a nossas trevas, mas há momentos em que "as trevas não a compreenderam" (Jo 1:5). Às vezes, os cristãos são pegos de surpresa, passando por sensações de depressão e desespero pelas quais jamais esperavam, que juravam que nunca experimentariam e que não conseguem compreender.

Creio que a Bíblia sugere o seguinte: nossas batalhas contra a depressão podem ser potencialmente mais dolorosas e debilitantes do que aquelas enfrentadas por não-cristãos. As verdades que

Cristo ensinou no Sermão da Montanha (Mt 5-7) foram dirigidas aos próprios discípulos. Em Mateus 6:23, Jesus afirma: "Se, portanto, a luz que em ti há são trevas, quão grandes serão tais trevas!".

Acredito que esse versículo pode estar relacionado à batalha que o cristão trava contra a depressão. Somos o povo da luz. Por essa razão, quando as trevas parecem invadir nosso coração e nossa mente por intermédio da depressão... como são grandes essas trevas!

Embora outras fortalezas costumem ser desafios maiores para mim, Deus permitiu-me passar pela depressão por tempo suficiente para desenvolver grande compaixão em relação àqueles que enfrentam essa batalha. A maior derrota que as trevas impuseram sobre minha vida aconteceu há muitos anos, depois de eu escrever um estudo bíblico sobre o tabernáculo do Antigo Testamento. Na época, eu não tinha a menor idéia de que o estudo viria a ser publicado depois sob o título *A Woman's Heart: God's Dwelling Place*.

Eu estava ministrando um estudo bíblico no meio da semana para um grupo de mulheres que me pedira para começar a passar lições para fazer em casa. Com a maior ingenuidade, concordei. Deus me conduziu ao tema do tabernáculo do Antigo Testamento, e eu me aprofundei naquele estudo com a confiança de um mergulhador profissional e a experiência de um gato.

Quando percebi a encrenca em que havia me metido, era tarde demais, pois já tinha assumido o compromisso. Não tinha outra alternativa, senão a de colocar meu rosto em terra diante do Deus Jeová e pedir a ele que me ensinasse e mostrasse as maravilhas de sua Palavra.

De fato, ele o fez. Nunca, em toda a minha vida, entrei no Santo dos Santos com Deus de uma maneira tão poderosa e segura. Durante meses, eu tinha um encontro com o Senhor desde a hora em que meus filhos saíam para a escola até o momento em que eles voltavam. Eu não atendia ao telefone. Não parava para almoçar.

Meus encontros com Deus eram dia sim, dia não. Ele me revelou tesouros que eu jamais seria capaz de colocar em palavras num simples estudo de dez semanas. Às vezes, eu me lançava ao chão, literalmente, para receber suas revelações, pois sua santa presença era demais para mim.

Assim como cresci em intimidade com Deus durante aqueles meses, afundei em trevas quando o estudo chegou ao fim. Nunca havia escrito um estudo bíblico antes, assim como jamais passara tanto tempo com Deus. Não estava preparada para encarar a vida quando saí do "Santo dos Santos". Satanás não tinha como se aproximar de mim enquanto eu estava protegida naquele santuário abençoado, estudando com Deus, mas ficou esperando do lado de fora da porta pela hora em que eu sairia.

No capítulo 10, conto em mais detalhes esse período terrível de minha vida. Neste volume, a importância desse relato é só a de mostrar como Satanás se aproveitou do momento em que desci do monte, onde vivia bem perto de Deus, para me ludibriar e conduzir a um poço de desespero, confusão e depressão.

Glórias sejam dadas a Deus, pois aprendi muito a partir da experiência por que passei no deserto, que se seguiu ao período dentro do "Santo dos Santos". Percebi quão debéis são os meus recursos. Como sou fraca e tola. Aprendi, por simples necessidade, como guardar meu coração e minha mente; como ficar mais alerta; como reagir aos ataques do inimigo. Também aprendi a manter um grupo de pessoas intercedendo em oração contra todas as formas de depressão ou derrota que possam me acometer todas as vezes que termino de escrever um estudo bíblico aprofundado.

Desde que passei por aquela época terrível, nunca mais fui derrotada pelas forças das trevas. No entanto, enquanto estava naquela situação, quão grandes eram as trevas! Deus usou aquele período de minha vida não apenas para me levar à humildade, ensinar e preparar, mas também para me dotar de compaixão por todos os cristãos que sofrem por causa da depressão.

Orações

> Seja uma pessoa corajosa! Homens e mulheres de fé muito mais dedicados e capacitados do que eu nem mesmo sonho ser um dia também passaram pelo drama da depressão: Martinho Lutero e Charles Spurgeon são dois exemplos. Lembre-se de que a derrota não reside em lutar contra a depressão, e sim em desistir da luta.

Por que estás abatida, ó minha alma? Por que estás tão perturbada em meu interior? Fiz a opção de colocar minha esperança em ti, Deus, por isso ainda louvarei teu nome, meu Salvador e meu Senhor. Minha alma está abatida dentro de mim. Por essa razão, eu me lembrarei de ti (Sl 42:5-6).

Minha alma está abatida dentro de meu ser. Ainda assim, trago isto em meu coração, e por essa razão tenho esperança: por causa de teu grande amor, não sou consumido, pois tuas misericórdias não têm fim. Elas se renovam a cada manhã. Grande é tua fidelidade (Lm 3:21-23).

Senhor, não quero ser como aqueles que estavam caminhando para Emaús, prostrados e abatidos, quando tu perguntaste a eles: "Sobre o que vocês estão conversando enquanto andam lado a lado?". Eles responderam: "Esperávamos que ele fosse aquele que remiria o povo de Israel" (Lc 24:17, 21). Aqueles dois não compreenderam que a cruz havia de preceder o reino. Como foram tolos! A própria morte à qual tinham reagido com abatimento representava a maior esperança de todos os tempos! Deus, peço teu perdão por todas as vezes em que joguei a culpa por minha prostração sobre ti. Tu és o Deus da esperança. Tu és a própria Esperança.

Deus, tu, que consolas os abatidos, por favor, conforta meu coração enviando-me algum de teus filhos para ministrar sobre minha vida (2Co 7:6), desde que eu não me torne mais dependente dessa pessoa do que de ti.

O Espírito do Senhor soberano está em ti, ó Cristo, porque o Senhor te ungiu para pregar boas-novas aos pobres. Ele te enviou para restaurar as pessoas cujo coração está abatido; para proclamar liberdade aos cativos e a liberdade para os que estão em cadeias; para decretar o ano do favor do Senhor e o dia da vingança de nosso Deus; para consolar todos os que estão tristes, se lamuriando; para atender os que estão tristes em Sião — para nos conceder uma coroa no lugar das cinzas; óleo de alegria, em vez de tristeza; e roupas de festa, em vez de um espírito angustiado. Seremos chamados de carvalhos de justiça, uma plantação do Senhor que manifestará sua glória. Seremos responsáveis pela reedificação dos lugares que foram devastados no passado. Renovaremos as cidades que foram destruídas por várias gerações (Is 61:1-4). Senhor, derrama sobre mim o óleo da alegria e cobre-me com vestes de louvor!

Senhor Deus, eu clamo a ti. Meu espírito está angustiado dentro de mim, e meu coração está muito desanimado (Sl 143:4).

Senhor, ajuda-me a não temer, pois tu estás comigo. Eu não preciso desanimar, porque tu és meu Deus. Tu me fortalecerás e ajudarás. Tu me sustentarás com tua mão direita de justiça (Is 41:10).

Responde-me quando eu clamar por ti, ó Deus de justiça. Dá-me alívio no momento de minha aflição. Sê misericordioso comigo e atende à minha oração (Sl 4:1).

Deus nunca deixa de atentar para as lágrimas dos que se encontram em opressão. Ele vê nosso sofrimento e conhece nossa necessidade muito bem. Ele anseia por nos ajudar, mas espera até que as lágrimas que caem sobre o solo seco ou sobre os ombros de outras pessoas igualmente carentes passem a ser derramadas diante do trono do Senhor. Ele espera não pelo clamor do oprimido em si, mas pelo clamor dirigido ao altar. Só então conheceremos o Deus único que nos redime.

Em meu momento de angústia, eu te invoquei, Senhor. Clamo a meu Deus por ajuda. Em teu templo, tu ouves minha voz; minha súplica chega a teus ouvidos, diante de tua face (Sl 18:6).

Deus, tu me darás os tesouros escondidos, as riquezas que estão guardadas em lugares secretos, para que eu possa reconhecer que tu és o Senhor, o Deus de Israel, aquele que me chama pelo nome (Is 45:3). Senhor, mesmo estando numa situação difícil, tu tens tesouros à minha espera. Tu queres que eu descubra as riquezas que existem no relacionamento contigo, e que podem me libertar.

Senhor Deus, em toda a angústia por que tenho passado, tu estás angustiado também, e o Anjo de tua presença me salva. Em teu amor e tua misericórdia, tu me remiste; tu me ergueste e conduziste todos os dias da antiguidade (Is 63:9).

Meu Senhor, ouve-me e atende-me. Meus pensamentos me perturbam e sinto-me mal (Sl 55:2).

Pai, assim como os israelitas, às vezes tu falas a mim por intermédio de um de teus servos, mas não dou ouvidos por causa de minha ânsia de espírito e da cruel escravidão a que estou submetida (Êx 6:9). Ó Senhor, ajuda-me a ouvir-te quando falares, ou nunca conseguirei viver em liberdade! Abre meus olhos e ouvidos espirituais para que eu possa conhecer o caminho que me levará a essa liberdade.

A esperança não me traz confusão, porque tu, Senhor, derramaste teu amor em meu coração pelo Espírito Santo que me foi concedido (Rm 5:5).

Tu, meu Deus, não te recusaste a ser meu Pastor. Sei que não desejaste o dia de minha aflição. O que passa por meus lábios está diante de tua face (Jr 17:16).

Pai, mesmo o grande apóstolo Paulo não queria que deixássemos de saber sobre as tribulações pelas quais passara na província da Ásia. Ele também estava sob grande pressão, muito além de sua capacidade de suportar, por isso chegou a ponto do desespero (2Co 1:8). Mesmo muitos de teus servos mais poderosos se desesperam. No entanto, assim como eles, devo me firmar mais uma vez em tua força e tua coragem, e permitir que tu derrames tua vida novamente em mim.

Senhor Deus, passo por pressões que surgem de todos os lados, mas não preciso me angustiar; fico perplexa, mas não desanimo (2Co 4:8).

Ó, querido coração, em que estado você está? Está dilacerado por causa da angústia? Está profundamente aflito? Solitário? Abandonado? Então clame a Deus. Ninguém mais pode ajudá-lo. O Senhor é sua única esperança. Maravilhosa esperança! Clame a Deus, pois ele pode ajudá-lo. Digo a você que neste clamor está o mais puro e sincero louvor que agrada ao Senhor. Ele deseja muito mais um clamor sincero do que o sacrifício de dez mil cordeiros ou um rio de óleo para unção (Mq 6:7) [...] Vejam, portanto, vocês que são carentes, choram e vivem confusos: não se trata de ritualismo. Não é a realização de cerimônias pomposas. Não é o ato de se curvar ou martirizar. Não se trata de usar palavras sagradas. É o clamor a Deus na hora da tribulação que constitui o sacrifício mais aceitável que o espírito do ser humano pode apresentar diante do trono do Senhor.

Charles Spurgeon, em *Spurgeon on Prayer and Spiritual Warfare*

Atende ao meu clamor, pois estou num momento de desespero e necessidade. Livra-me daqueles que me perseguem, pois são mais fortes do que eu (Sl 142:6). Senhor, uma parte importante de minha vitória é admitir que, sem tua completa intervenção, meu opressor é forte demais para eu suportar. Sou incapaz de conquistar a vitória sem ti. Vem, resgata-me com tua mão poderosa.

Abençoada sou, Senhor, porque tu és fiel e me corriges. Não desprezarei a disciplina do Todo-poderoso. Já desprezei minha vida. Quis que as pessoas me deixassem em paz porque achava que meus dias não tinham significado (Jó 5:17; 7:16). Senhor, tu não me deixarias aqui nesta terra nem um dia sequer que não tivesse significado. Minha vida toda faz sentido. Por favor, ajuda-me a não desprezá-la ou condená-la ao isolamento.

Tu, ó Cristo, fostes desprezado e rejeitado pelos homens, varão de dores que conhecia bem o que era o sofrimento. Tu fostes como alguém de quem as pessoas escondiam o rosto. Recebestes o desprezo, e ninguém te demonstrou apreço (Is 53:3). Tu sabes exatamente como me sinto, Senhor. Colocarei minha confiança em ti.

O ladrão vem apenas para roubar, matar e destruir. Tu vieste para que eu tivesse vida, e a tivesse em plenitude (Jo 10:10). Reconheço, ó meu Deus, que teu desejo para mim é a vida abundante. Vida plena! Satanás, o ladrão, veio para roubar, matar e destruir todas as coisas concernentes à minha vida. Eu o rejeito em teu nome, Senhor, e desejo aceitar a vida abundante que tu vieste para me trazer.

Senhor, segundo tua Palavra, se meus olhos forem maus, meu corpo será cheio de trevas. Se, portanto, a luz que existe em mim são trevas, quão grandes serão essas trevas (Mt 6:23). Senhor, esse versículo me diz que o foco de meu olhar, aquilo onde meus olhos se fixam, produz um impacto determinante sobre o que prevalecerá em minha vida: luz ou trevas. Por favor, Senhor, cura meus olhos — minha visão! — de modo que eu possa olhar para ti, Esperança minha e meu Redentor.

Poderoso Redentor, os cordéis de morte me cercaram; as torrentes de destruição me oprimiram. Cordas da sepultura me envolveram, e confrontei-me com laços de morte (Sl 18:4-5).

Senhor Deus, fui cercada por cordéis de morte, e angústias do inferno tomaram conta de meu ser. Tenho sido vencida por tribulações e tristeza [...] Mas agora, ó Senhor, tu livrarás minha alma da morte, meus olhos das lágrimas e meus pés da queda (Sl 116:3,8).

Mesmo as pessoas que possuem um coração que se interessa por Deus cometem erros. Mas a reação delas à repreensão e à correção demonstra a condição desse coração. Isso determina o que Deus é capaz de fazer com essas pessoas no futuro.

Jim Cymbala, em *Fresh Wind, Fresh Fire*[1]

Senhor Deus, tua Palavra diz: "O povo que andava em trevas viu uma grande luz, e sobre os que habitavam na região da sombra de morte resplandeceu a luz" (Is 9:2). Eu também tenho caminhado em trevas. Por favor, permita que tua grande luz ilumine a escuridão em que estou, glorioso Deus, tu que vives na luz inacessível (1Tm 6:16).

Vê, ó Senhor, como estou angustiada. Estou atormentada por dentro, e em meu coração estou perturbada, pois tenho sido rebelde. Por fora, a espada me provoca perdas pessoais; por dentro, nada há além de morte (Lm 1:20). Deus, por favor, ajuda-me a reconhecer que parte de meu tormento é resultado de minha rebeldia. Mostra-me em que estou sendo rebelde, não para que eu sinta condenação e culpa, mas para que eu possa confessar, andar em teus caminhos e ser livre.

Ainda que eu andasse pelo vale da sombra da morte, não temeria nenhum mal, pois tu estás comigo. Tua vara e teu cajado me consolam (Sl 23:4).

[1] Ed. bras.: *Vento renovado, fogo renovado*. São Paulo, Vida, 1998.

De acordo com tua Palavra, ó Deus, não há lugar de trevas nem sombras profundas onde possam se esconder os que praticam a maldade (Jó 34:22). Senhor, se eu pratiquei maldade em lugares de trevas, devo confessar a ti. Tu já sabes, e agora queres me libertar. É hora de eu colocar todas as coisas diante de ti e permitir que tu me cures, restaures e libertes desse peso opressivo.

Senhor, embora eu possa me sentir coberta de trevas, nem mesmo elas podem ocultar alguma coisa de ti. A noite resplandecerá como o dia; pois trevas e a luz são a mesma coisa para ti (Sl 139:12). Guarda-me em tua presença, ó Deus, pois em ti não há treva nenhuma.

Senhor, tua Palavra questiona: "Quem há entre vós que tema ao SENHOR e ouça a voz do seu servo?". Em seguida, nos exorta: "Quando andar em trevas e não tiver luz nenhuma, confie no nome do SENHOR e firme-se sobre o seu Deus" (Is 50:10). Pai, desejo confiar no nome de meu Senhor e firmar-me em ti, meu Deus, especialmente andando em tempos de trevas como o atual.

Descobri uma verdade impressionante: Deus se sente atraído pela fraqueza. Ele não consegue resistir àqueles que admitem, com humildade e sinceridade, como precisam desesperadamente do Senhor.

Jim Cymbala, em *Fresh Wind, Fresh Fire*

Minha luta não é contra a carne nem contra o sangue, mas contra os juízes, as autoridades, contra os poderes deste mundo tenebroso e contra as forças espirituais da maldade nos lugares celestiais (Ef 6:12). Reconheço diante de ti, Senhor, que Satanás está sempre trabalhando nas trevas. Não posso ser uma pessoa ingênua. Preciso negar o desejo do Diabo de assumir o controle desse momento de minha vida. Ajuda-me a ficar firme contra os ataques malignos!

Senhor, de acordo com tua Palavra, quando os israelitas ouviram tua voz do meio das trevas, enquanto o monte ardia em fogo, todos os líderes das tribos e seus anciãos foram à frente (Dt 5:23). Por favor, ajuda-me a ouvir tua voz do meio de minhas trevas e a me aproximar de ti, Senhor.

Tu és a minha candeia, ó Senhor; tu, Senhor, transforma minhas trevas em luz (2Sm 22:29). Tu, ó Deus, mantém acesa minha candeia; meu Deus, ilumina minhas trevas (Sl 18:28).

Senhor, teu servo Jó sentiu que estava numa terra escura como a noite, de sombra e desordem, onde até a luz é como a escuridão (Jó 10:22). Tu restauraste uma pessoa que enfrentou trevas ainda mais intensas que as minhas. Também hás de me restaurar, se eu permitir que tu operes.

Senhor vitorioso, não fui silenciada pelas trevas, nem pela escuridão que cobre minha face (Jó 23:17). Clamarei a ti e repreenderei o inimigo que tenta me devorar.

Senhor, quando esperei pelo bem, me veio o mal; quando procurei a luz, me veio a escuridão (Jó 30:26). Ajuda-me, Senhor, pois a esperança que demora a se concretizar enfraqueceu meu coração (Pv 13:12). Ajuda-me a colocar minha esperança em ti.

Senhor Deus, ajuda-me a ser obediente a ti, apesar desse momento tão difícil. Tua Palavra diz que, mesmo entre as trevas, a luz vem do alto para a pessoa que é rica em graça, compaixão e justiça (Sl 112:4).

Senhor Deus, dize a mim, que estou cativa: "Saia daí"; fala a mim, que estou em trevas: "Seja livre". Bom Pastor, permita-me encontrar pasto até nos montes de solo mais estéril (Is 49:9).

O primeiro *grau* da depressão é o desânimo — uma fraqueza de espírito, uma sensação de fadiga espiritual e emocional. Se esse desânimo não for combatido, nos puxa mais para baixo, mergulhando-nos em *desespero* e, por fim, em *desmoralização* total. Nesse estágio do processo de queda, a esperança é abandonada e substituída por apatia e prostração [...] Não importa quão furiosas ou longas sejam as batalhas que travamos, meu objetivo é que eu e você, juntos, sejamos capazes de dizer: "Mas em todas estas coisas somos mais do que vencedores, por aquele que nos amou" (Rm 8:37).

Kay Arthur, em *As Silver Refined*

Não faça festa por minha causa, meu inimigo! Embora eu tenha caído, eu me levantarei novamente. Mesmo estando em meio às trevas, o Senhor será minha luz (Mq 7:8).

Senhor, de acordo com tua Palavra, a luz resplandece nas trevas, mas as trevas não a compreendem (Jo 1:5). Ajuda-me a ver que, pelo fato de eu ser tua, a luz brilha em minhas trevas, mesmo que eu não a compreenda.

Ó Deus, entre todas as coisas, guarda-me para que eu jamais seja culpada desse veredicto: a luz veio ao mundo, mas os seres humanos amaram mais as trevas do que a luz, pois suas obras eram más (Jo 3:19). Senhor, por favor, ajuda-me para que eu não ame as trevas, em vez da luz! Ajuda-me para que eu não prefira minha depressão, pois ela me serve como desculpa. Liberta-me!

Senhor, tu vieste ao mundo como luz, por isso ninguém que crê em ti permanece nas trevas (Jo 12:46).

Porque tu, Senhor, que disseste: "Que a luz resplandeça das trevas", fez que tua luz brilhasse em meu coração e iluminasse o conhecimento da glória de Deus na face de Cristo (2Co 4:6).

Sou uma pessoa escolhida, parte de um sacerdócio real, de uma nação santa, de um povo que pertence com exclusividade a ti, ó Deus, para que eu possa declarar as virtudes daquele que me chamou das trevas para sua maravilhosa luz (1Pd 2:9).

Tu, ó Senhor, és como a luz da manhã quando o sol se levanta numa manhã de céu limpo; como a claridade que surge depois da chuva, e que faz brotar da terra a erva (2Sm 23:4).

Envia tua luz e tua verdade; permita que elas me guiem e me conduzam a teu santo monte, ao lugar de tua habitação, Senhor (Sl 43:3).

Deus fiel e compassivo, tu colocaste diante de ti minhas iniqüidades; meus pecados ocultos estão sob a luz de tua presença (Sl 90:8). Ajuda-me a não temer que tu tenhas acesso aos lugares mais secretos de meu coração e de minha mente, pois tu, Senhor, já os conhece muito bem!

Tu te cobres de luz como se estivesse vestindo um manto; estendes o céu como se fosse uma cortina (Sl 104:2). Envolve-me também com vestes de luz, ó Senhor.

Tua Palavra é como lâmpada para meus pés, e como luz para meus caminhos (Sl 119:105). Por favor, ajuda-me a aplicar esse versículo em minha vida de maneira literal, Senhor! Tua Palavra me proporcionará luz enquanto estiver passando por esse momento de trevas. Satanás deseja que eu resista àquilo de que mais preciso. Conduze-me à tua Palavra, ó Deus!

Senhor, a revelação de tuas palavras esclarece e dá entendimento aos simples (Sl 119:130).

Ó Senhor, tu sondaste meu coração e me conheces muito bem. Sabes quando me assento e quando me levanto. Mesmo de longe, tu tens acesso a todos os meus pensamentos. Consegues discernir meu andar e meu deitar, e conheces todos os caminhos por onde ando. Antes que alguma palavra esteja em minha língua, tu já sabes tudo quanto vou dizer, ó Senhor (Sl 139:1-4).

Senhor, a noite está quase chegando ao fim, e o dia esta prestes a raiar. Ajuda-me a deixar de lado as obras das trevas e vestir a armadura da luz (Rm 13:12).

Teus olhos, Senhor, estão sobre as pessoas que te temem, sobre aqueles que esperam em teu amor que nunca falha, para livrá-los da morte e lhes guardar a vida quando chegar o tempo da fome. Eu espero em ti, Senhor; tu és meu auxílio e meu escudo. Em ti, meu coração se alegra, pois confio em teu santo nome. Que teu amor que nunca cessa possa ser derramado sobre mim, ó Senhor, assim como deposito minha esperança em ti (Sl 33:18-22).

E conforme amadurecemos, começamos a perceber que o Espírito de Cristo está, de fato, dentro de nós. A cruz emerge da palavra escrita e se coloca de pé diante de nossos olhos, confrontando-nos com nosso Getsêmani, com nosso Gólgota — mas também com nossa ressurreição, por meio da qual somos espiritualmente elevados até a presença do Senhor.

Francis Frangipane, em *Holiness, Truth and the Presence of God* [2]

---

[2] Ed. bras.: *O desafio da santidade*. São Paulo, Vida, 2002

Quanto a mim, ó Deus, sempre terei esperança. Continuarei te louvando cada vez mais (Sl 71:14).

Que aqueles que te temem possam se alegrar quando me virem, pois tenho colocado minha esperança em tua palavra (Sl 119:74). Minha alma desfalece, esperando por tua salvação. Eu, porém, tenho depositado minha confiança em tua palavra (Sl 119:81).

Tu, Senhor, te agradas na vida daqueles que te temem, das pessoas que colocam sua esperança em teu amor que nunca falha (Sl 147:11).

Senhor, de acordo com tua Palavra, a esperança que demora a se concretizar enfraquece o coração, mas um desejo realizado é uma árvore de vida (Pv 13:12). Senhor, tu sabes muito bem das esperanças de minha vida que estão demorando a se tornar realidade. Ajuda-me a colocar todas elas diante de ti, e assim saberei que elas se concretizarão.

Salvador maravilhoso, tu me dizes que, sem sombra de dúvida, há uma esperança futura para minha vida, e ela não será frustrada (Pv 23:28).

Quando espero em ti, Senhor, minhas forças são renovadas. Assim, sou capaz de me elevar ao céu com asas como as das águias. Também posso correr sem me cansar. Por mais que eu caminhe, não sinto a fadiga (Is 40:31).

Senhor Deus, tua gloriosa Palavra me exorta a voltar à minha fortaleza, pois sou prisioneira da esperança. Agora mesmo tu anuncias que me darás uma recompensa em dobro (Zc 9:12). Ó Senhor, não sou uma prisioneira das trevas! Sou uma prisioneira da esperança!

Senhor, tu és o Deus da esperança. Enche-me de toda a alegria e toda a paz, segundo a confiança que tenho em ti, para que eu transborde de esperança pelo poder do Espírito Santo em minha vida (Rm 15:13).

Tu, ó Deus, me livraste de um perigo mortal, e ainda continuarás me proporcionando o livramento. Em ti tenho colocado minha esperança, pois sei que tu não deixarás de me livrar (2Co 1:10).

Também oro para que os olhos de meu coração sejam iluminados, de modo que eu possa conhecer a esperança para a qual tu me chamaste, Senhor, as riquezas da glória de tua herança nos santos e a suprema grandeza de teu poder para conosco, os que cremos (Ef 1:18-19).

Senhor Deus, faz que minhas obras sejam resultado da fé, que meu trabalho seja fruto do amor e que minha firmeza de propósito seja inspirada pela esperança em meu Senhor Jesus Cristo (1Ts 1:3).

Escrevo isto com toda a reverência: o próprio Deus não pode libertar uma pessoa que não esteja passando por tribulação. Por essa razão, a experiência da angústia é uma espécie de vantagem, pois o Senhor, dessa maneira, pode promover a libertação. Até mesmo Jesus Cristo, o Médico de minha vida, não pode curar uma pessoa que não esteja doente. Por isso, a doença não é uma adversidade para nós — pelo contrário, é uma oportunidade vantajosa para que Cristo nos proporcione a cura. A questão, meu leitor, se resume a isto: sua adversidade pode se tornar uma vantagem pelo fato de oferecer oportunidade para que a graça divina seja manifestada.

Charles Spurgeon, em *Spurgeon on Prayer and Spiritual Warfare*

Senhor Jesus Cristo, que tu e o Deus Pai, que me ama e, por sua maravilhosa graça, me deu consolação eterna e boa esperança, possam encorajar meu coração e me fortalecer em toda boa obra e boa palavra (2Ts 16-17).

Ajuda-me, Senhor, a me manter cada vez mais firme na esperança que eu professo, pois tu, que fizeste a promessa, és fiel e a cumprirás (Hb 10:23).

capítulo nove

Como derrotar a imoralidade sexual

Satanás costuma fazer um trabalho muito eficiente quando quer envergonhar aqueles que se envolvem com fortalezas espirituais da imoralidade sexual, entrando num ciclo contínuo de derrota. O Diabo seduz para, em seguida, levar à desonra, mantendo os olhos firmes em seu propósito, que é o de escandalizar.

É importante reiterar que Satanás não pode nos roubar a salvação, por isso ele faz tudo quanto está a seu alcance para roubar, matar e destruir nosso caráter, nosso testemunho e nossa eficácia como cristãos. Cristãos derrotados contribuem muito mais do que os não-cristãos de sucesso quando se trata de fazer funcionar as artimanhas do Diabo para minar as forças da Igreja!

Nenhum de nós questiona que Satanás está trabalhando a todo vapor, nesta geração, na área de fortalezas da imoralidade sexual. Seus ataques sobre a sexualidade se tornaram tão objetivos e ostensivos que estamos ficando cada vez menos sensíveis a eles. Sem perceber, passamos a relativizar nossos padrões a respeito da questão. Em outras palavras: em vez de ter a aparência de Cristo como padrão para nossa vida, começamos a usar, subconscientemente, a depravação do mundo como parâmetro.

Não é difícil apontar para esse monte de lixo que nos cerca e comparar: "Nunca serei tão ruim quanto isso". Uma adolescente cristã pode argumentar: "Pelo menos, só durmo com meu namorado. Além disso, a gente vai se casar um dia, de qualquer maneira". Um cônjuge cristão também pode justificar suas perversidades com palavras do tipo: "Posso não provar nenhum outro prato, mas não vejo problema em dar uma olhada no cardápio por aí".

O vírus da relativização dos valores é especialmente contagioso na mídia. Somos tentados a escolher determinado filme pesado só pelo fato de não ter tanta baixaria quanto o outro. É importante sermos sábios. Devemos ficar em estado de alerta para que não sejamos picados pela serpente venenosa do relativismo. Satanás aumenta a cada dia a dosagem de provocação à imoralidade sexual, e o faz com tal consistência que não conseguimos perceber a quantidade de veneno que estamos ingerindo.

Antes de qualquer outra coisa, devemos ter em mente a seguinte afirmação: a intimidade sexual é um dom de Deus, que ele concede ao marido e à esposa para satisfação e prazer mútuos. A maioria de nós sabe que o sexo em si não é o problema. A dificuldade está no modo como lidamos com ele quando ultrapassamos esse propósito divino.

Um número incalculável de cristãos sofre por causa das fortalezas espirituais da imoralidade sexual. Até cristãos que desejam viver, de fato, de maneira vitoriosa se encontram naquilo que Neil Anderson, autor de *The Bondage Breaker*, chama de "a armadilha do pecado-confissão-pecado-confissão".[1] Muitos ca-

[1] Eugene, Harvest House, 1990, p. 201 [Ed. bras.: *Quebrando correntes — como vencer a guerra espiritual*. 2ªed. São Paulo, Mundo Cristão, 2007].

sais que, vira-e-mexe, se envolvem em pecados de ordem sexual costumam sentir muito remorso por causa das coisas que praticam. Eles sofrem com uma culpa terrível, mas não fazem esforço para evitar cair sempre na mesma armadilha.

Seríamos ingênuos demais se pensássemos que a imoralidade sexual limita-se ao casal derrotado. Não só é alarmante o número de casos extraconjugais, como também há muitos casais que mantêm a fidelidade física, mas que, emocional ou mentalmente falando, não são monógamos. Para Cristo, o casamento é uma fortaleza impenetrável, na qual a impureza sexual não pode entrar de jeito nenhum, como ele afirma em Mateus 5:27-28: "Ouvistes que foi dito: Não adulterarás. Eu, porém, vos digo: qualquer que olhar para uma mulher com intenção impura, no coração, já adulterou com ela".

Um número impressionante de casais cristãos mantém casamentos doentios porque a perversão sexual e a pornografia penetraram no lar sob a desculpa de "esquentar a relação". *Deus* pode esquentar a relação. E quando ele o faz, promove edificação, cura e um tipo de romance duradouro. Quando um casamento é colocado, com sinceridade, sob a autoridade de Jesus Cristo, tanto pela esposa quanto pelo marido, mais cedo ou mais tarde essa união esquentará! Se você acha que Deus sufoca a relação, deveria olhar de outra maneira o texto do livro de Cantares!

A maioria de nós há de concordar que a utilização, por parte de Satanás, de táticas de sensualidade ostensivas não encontra paralelos na história da humanidade. Casos isolados existiam, em grau elevado, em períodos históricos anteriores, mas Satanás nunca teve a mesma platéia universal que tem hoje em dia. Em termos de fortalezas espirituais da imoralidade sexual, é difícil imaginar que ele tenha conseguido conquistar, no passado, o mesmo sucesso que tem hoje graças à internet.

Antes da internet, o acesso da sociedade à pornografia era mais público. Em outras palavras, os adeptos dessa prática precisavam de muita coragem para entrar num estabelecimento, como uma banca de jornais ou uma boate de *striptease*, para ter acesso a ela. Mas a coisa mudou muito. Atualmente, podemos sentar numa cadeira dentro de casa, diante do computador, na maior privacidade do mundo, e abrir o portal para o mundo da pornografia pela internet. Agora é uma prática particular.

Os índices de cristãos capturados por essa armadilha diariamente são inacreditáveis. Satanás faz que essas pessoas ajam como se fossem suas marionetes, vivendo num triste mundo de engano. Por favor, leia com muita atenção esta afirmação: *Satanás vive investindo contra nós na área da sexualidade.*

A Igreja precisa parar de evitar esse assunto tão difícil e passar a discuti-lo de maneira bíblica. São questões que agridem nossa geração. A Palavra de Deus se aplica às fortalezas espirituais da promiscuidade, da perversidade e da pornografia, assim como acontece com quaisquer outras. Deus não está chocado com o que acontece atualmente. Ele tem o remédio para essa situação. Só espera por nosso clamor humilde e sincero por ajuda.

De qualquer forma, de que se trata tudo isso que falamos até agora? Por que esse tipo de fortaleza espiritual parece uma das especialidades de Satanás? A cada viagem que faço, ouço uma história atrás da outra sobre fortalezas da imoralidade sexual estabelecidas na vida de cristãos. Comecei a pedir a Deus que me desse algum discernimento. Não tenho dúvida de que há muitas outras respostas para essa questão, mas gostaria de compartilhar algumas coisas que o Senhor me revelou:

Satanás está tentando distorcer aquilo que Deus determinou originariamente para o casamento.

De acordo com Efésios 5:22-32, Deus instituiu o casamento entre um homem e uma mulher como a mais adequada representação terrena de uma realidade muito maior: a relação entre Cristo e a Igreja. Já sabemos que o principal problema de Satanás é o fato de ele ter uma inveja doentia de Jesus Cristo. É isso que orienta as ações do Diabo. Ele não se cansa de buscar formas de comprometer e se contrapor ao relacionamento que Deus determinou com o propósito de revelar uma tipificação de Cristo e sua Noiva.

Satanás deseja enfraquecer a obra santificadora de Cristo.

Ele sabe que todos os cristãos foram "separados" do que é sujo para o que é limpo, e do que é profano para o que é santo. Ele também sabe que, quando os cristãos agem como as pessoas santificadas que são, Deus fica à vontade para realizar coisas maravilhosas entre seu povo (Js 3:5). Sem pureza, o poder não pode se manifestar. Onde há pureza, o poder se manifesta de modo ilimitado. Satanás é ridículo, mas não é burro.

Satanás conhece os efeitos devastadores do pecado sexual.

Devemos evitar a *classificação* do pecado, já que todo pecado nos leva a errar o alvo. Todos as formas de pecado são iguais, no sentido de seus resultados eternos, mas há diferenças entre elas quando se trata das conseqüências terrenas. Satanás sabe que o pecado sexual é singular em termos de poder de destruição e impacto no corpo do cristão. O texto de 1Coríntios 6:18-20 diz:

> Fugi da impureza. Qualquer outro pecado que uma pessoa cometer é fora do corpo; mas aquele que pratica a imoralidade

> peca contra o próprio corpo. Acaso, não sabeis que o vosso corpo é santuário do Espírito Santo, que está em vós, o qual tendes da parte de Deus, e que não sois de vós mesmos? Porque fostes comprados por preço. Agora, pois, glorificai a Deus no vosso corpo.

Considerando que o Espírito de Cristo passa a habitar no templo constituído pelo corpo, induzir o cristão a se envolver com o pecado da imoralidade sexual é o mais perto que Satanás consegue chegar de um ataque pessoal contra Cristo. Isso deveria nos instilar a coragem necessária para viver de maneira vitoriosa, com determinação. Os pecados contra o corpo também possuem uma espécie de propriedade de magnetismo, prendendo-se à pessoa e fazendo-a sentir como se ela mesma fosse o pecado, em vez de tê-lo cometido.

O envolvimento com o pecado sexual cria um laço espiritual que deveria ser exclusividade do casamento.

Veja o texto de 1Coríntios 6:13-16:

> [...] o corpo não é para a impureza, mas, para o Senhor, e o Senhor, para o corpo. Deus ressuscitou o Senhor e também nos ressuscitará a nós pelo seu poder. Não sabeis que os vossos corpos são membros de Cristo? E eu, porventura, tomaria os membros de Cristo e os faria membros de meretriz? Absolutamente, não. Ou não sabeis que o homem que se une à prostituta forma um só corpo com ela? Porque, como se diz, serão os dois uma só carne.

Esse trecho das Escrituras nos diz que, quando nos envolvemos em algum tipo de intimidade sexual com outra pessoa que não seja o cônjuge, estamos nos ligando a ela. A palavra original no grego para "unir", nesse versículo, é *kollao*, que significa "colar", "fazer aderir".[2]

Em outras palavras, esse envolvimento forma um vínculo espiritual que foge completamente à vontade de Deus. O cristão deve renunciar, com determinação, a esse tipo de vínculo para que possa reassumir o controle e a autoridade sobre essa área de sua vida. Uma ligação espiritual com *qualquer* pessoa além do cônjuge está fora da vontade de Deus, e se torna um alvo fácil e permanente para as artimanhas destruidoras do Diabo.

Assim, fica a pergunta: será que há alguma esperança de recuperação para nós ou estamos fadados à derrota por causa do excesso de amarguras e do vazio proporcionados por relacionamentos impróprios? O cristão *sempre* tem esperança, mas o conceito divino de esperança tem a ver com a restauração completa, que gera uma nova realidade.

Somos chamados para reagir de maneira radical a algumas situações, produzindo resultados garantidos: devemos nos arrepender do fundo do coração, receber a disciplina amorosa do Senhor e cooperar integralmente com o plano divino de recuperação. O processo pode ser difícil, doloroso e, em certo sentido, prolongado, *pois precisamos permitir que Deus remova todos os resquícios dos vínculos ao relacionamento ilícito e preencha as lacunas com seu Espírito de amor até que estejamos completos*. Por mais complicado que seja esse processo, a liberdade que ele proporciona compensa o esforço.

É possível que alguém que tenha muitos parceiros sexuais pense da seguinte maneira: "Não mantenho vínculos espirituais com nenhum, nem fico pensando neles". Por favor, entenda que

[2] Spiros ZODHIATES (ed.), *the Complete Word Study Dictionary: New Testament*, Iowa Falls, World Bible, 1992, verb. 2853, p. 875.

a fortaleza espiritual da imoralidade sexual em que você pode estar se envolvendo é uma das mais comprometedoras de todas, pois suas emoções foram completamente isoladas. Além de abusar do próprio corpo, você está fazendo o mesmo com outras pessoas.

Falo a verdade em amor, não como se estivesse o julgando. Sua situação é muito complicada, e as conseqüências podem ser extremamente sérias. Por favor, busque a Deus e peça a ele que opere cura em sua vida e a conduza a um arrependimento sincero para que possa se libertar. Você está sendo vítima do engano.

O pecado sexual se torna um hábito e um vício com muita facilidade, por isso produz os efeitos de longo prazo que Satanás aprecia.

O Diabo tem várias habilidades, mas não é muito criativo. Ele prefere muito mais impor um jugo prolongado do que deixar marcas leves. Satanás usa essa mesma tática o tempo todo enquanto ela estiver funcionando bem. Se você acredita que esteja lidando com o vício da imoralidade, ou que esteja correndo esse risco, não esqueça de usar também as orações baseadas nas Escrituras que estão no capítulo 4.

Uma das razões por que Satanás passou a investir tanto nas tentações relacionadas ao pecado sexual em nossa geração é o fato de ele reconhecer os sinais dos tempos.

Ele sabe que a Noiva de Cristo deve se preparar para a união com o Cordeiro. Em 2Coríntios 11:2-3, o apóstolo Paulo expressou o que se passa no coração de Deus em seu desejo de que a Igreja se apresente a Cristo como uma "virgem pura a um só esposo". Ele foi mais além, ao declarar: "Mas receio que, assim como a serpente enganou a Eva com a sua astúcia, assim também seja corrompida a vossa mente e se aparte da simplicidade e pureza devidas a Cristo".

Existiria melhor maneira de enganar as pessoas que deveriam se apresentar a Cristo como virgens puras? Mas tenho boas notícias para todos os que dizem: "É tarde demais para mim, já perdi essa virgindade há muitos anos!": apenas em Cristo Jesus, nosso Redentor misericordioso e nossa Esperança bendita, podemos voltar a ser virgens. Não estou falando em termos físicos, e sim emocionais, mentais e espirituais.

Também podemos permitir a ele que separe esses nossos corpos, que escolheu para ser templos de seu Espírito Santo, para que, de agora em diante, sejam vasos santificados e purificados. Isso não é apenas uma possibilidade — *é a vontade de Deus!*

Antes que passemos às orações bíblicas para vencer as fortalezas da imoralidade sexual, seria sábio se tratássemos de outro ataque mortífero do Diabo em nossa sociedade: a *homossexualidade*. Tenho boas notícias para as pessoas que estão lutando contra esse tipo de pecado. Deus pode libertá-las de verdade, e espera ansiosamente que elas cooperem com ele nesse sentido.

Não permita que Satanás a envergonhe a ponto de impedir você de buscar perdão, integridade e restauração completa em Jesus Cristo. Sei que a transformação completa é possível não apenas porque a Palavra de Deus diz isso, mas também porque testemunhei isso acontecendo diante de meus olhos. Conheço *muitos* cristãos que foram libertos da homossexualidade.

Se você freqüenta uma igreja saudável, cheia do Espírito Santo e restauradora, é bem provável que a pessoa ao lado da qual costuma sentar tenha passado por uma libertação dessa natureza. E você não tem a menor idéia disso. Por quê? Porque o assunto ainda é um tabu tão forte em nossas igrejas que as pessoas libertas da homossexualidade sentem medo de dar seu testemunho.

Estou convicta de que Deus deseja que proclamemos a liberdade em nossos púlpitos para todos os que se acham cativos, e não apenas aos que são socialmente "aceitáveis". Por ironia, uma das razões pelas quais certas pessoas voltam à escravidão da vida na homossexualidade é porque encontram mais senso de *comunidade* entre aqueles que cometem o mesmo pecado do que entre os santos.

Ah, como precisamos ter o coração de Cristo quando ministramos ao Corpo de Cristo! Precisamos aprender como lidar com a questão da homossexualidade em nossas igrejas porque a Palavra de Deus nos diz, de maneira clara, que esse problema continuará aumentando conforme a volta de Cristo se aproxima.

Quando perguntaram a Jesus quais seriam os sinais de sua volta, ele comparou a sociedade no tempo de Noé com a que viveu na época de Ló (Lc 17:26,28), mostrando o crescimento do pecado sexual tanto entre heterossexuais quanto entre homossexuais. A geração de Noé é descrita, em Gênesis 6:5, desta maneira: "Viu o SENHOR que a maldade do homem se havia multiplicado na terra e que era continuamente mau todo desígnio do seu coração".

A ascensão do pecado homossexual, em particular, torna-se óbvia em Gênesis 18—19, na cidade de Sodoma, onde Ló morava com a família. Não é por mera coincidência que a Palavra de Deus compara a geração que precede a volta de Cristo com aquela do tempo de Noé e Ló. O grande crescimento de todo tipo de pecado sexual é um dos mais óbvios sinais de nossos tempos.

Sim, a liberdade é possível para a pessoa que buscar a Cristo de todo o seu coração, não importa por quanto tempo tenha sido escrava da homossexualidade. No entanto, você precisa se preparar para enfrentar a batalha por sua vida. Essa luta proporcionará uma colheita maravilhosa... mas nem por isso deixará de ser uma luta.

Os especialistas que estudam a relação entre a homossexualidade e a ética cristã concordam, praticamente em gênero, número e grau, que a homossexualidade é um dos jugos mais poderosos e pegajosos que existem. Creio que é um dos que Satanás mais aprecia. Está em sua lista de favoritos. É o golpe definitivo contra o relacionamento homem-mulher que prefigura Cristo e sua Noiva, a Igreja. Acredito que o ataque da homossexualidade especificamente contara o povo de Deus é um recurso de Satanás para infiltrar a perversão na Igreja no exato momento em que a Noiva deveria estar se preparando para as núpcias com o Cordeiro (Ap 19).

Por favor, não me entenda mal. Um dos principais propósitos de Deus para a Igreja é que ela seja um lugar de restauração e recuperação para todos aqueles que desejam ser libertados da escravidão do pecado. A homofobia é a última coisa que eu estou sugerindo à Igreja. Contudo, por causa de nossa falta de iniciativa de admitir o problema, receber o pecador arrependido e ajudá-lo para que alcance uma restauração bíblica — atitudes que alguns classificam como características da homofobia —, tornamo-nos mais vulneráveis ao Diabo do que úteis aos que estão cativos.

A homossexualidade é uma das principais agendas de Satanás na sociedade de nossos dias. Ele a está colocando à venda em todas as esquinas, seja de modo ostensivo, seja sutil. O engano é maior nesse tipo de jugo do que em qualquer outro. Se o engano é, de fato, o fator que liga todas as fortalezas espirituais, ele se torna ainda mais evidente quando se trata da homossexualidade.

Nossa sociedade está se deixando dominar por uma imensa mentira. Ao contrário do que tem sido propagandeado por aí, o relacionamento monógamo entre pessoas do mesmo sexo não é "igualzinho a um relacionamento entre pessoas de sexo diferente". Todas as pessoas libertadas da homossexualidade com quem eu já conversei ou sobre quem eu tenha lido descreveram essa prática como sendo obsessiva, manipuladora e cada vez mais possessiva.

Em certo sentido, compreendida apenas na dimensão invisível, uma rede de orientação satânica está associada a esse jugo em particular. Essa teia em que caem tantas vítimas é urdida, de modo metódico, por meio de um ataque em larga escala sobre a mente e as emoções, aproveitando-se de todas as lacunas da vida das pessoas que se envolvem com essa prática.

Quando o inimigo prende uma pessoa atrás da outra em sua teia, as vítimas substituem o raciocínio saudável por justificativas, e os sistemas de valores de toda a vida por uma grande mentira chamada "tolerância". Elas se tornam pessoas que se deixam levar pelos "sentimentos", e não pela verdade. Uma mulher que queria se libertar admitiu: "Quero sair dessa vida porque sei que é pecado. Acontece que nunca fui amada por ninguém desse jeito antes".

Por favor, leia isso com o coração aberto: não se trata de *amor*. Pode até parecer amor porque é uma sensação irresistível que toma conta do coração, mas não é amor de verdade. Jeremias 17:9 nos diz que "enganoso é o coração, mais do que todas as coisas". Não há nenhuma outra situação mais vulnerável à infiltração do engano do que na homossexualidade.

Jamais conheci alguém que, depois de ter sido finalmente liberto dessa teia, ainda classificasse os sentimentos que tinha como "amor genuíno" — incluindo a mulher a quem me referi alguns parágrafos atrás. Poucos meses depois de permitir que Deus reprogramasse seu coração e sua mente com a verdade, ela voltou a me procurar e refez a afirmação: "Nunca fui *controlada* por ninguém desse jeito antes".

Quem escapa mesmo da homossexualidade raramente deixa de descrever o alívio que sente por se livrar de tamanha opressão. Quando Deus começa a instilar a verdadeira saúde no coração dessas pessoas, elas costumam constatar, admiradas, que viviam emoções muito doentias.

Se você tem carregado um jugo pesado, imposto pela escravidão poderosa da homossexualidade, gostaria de lhe agradecer, do fundo de meu coração, por ter a coragem de pegar este livro e ler este comentário. Você é alvo do amor de Deus. Com a vida de seu Filho, o Senhor já fez tudo o que é necessário para lhe conceder a libertação. Agora ele só deseja que você permita que esse processo seja aplicado em sua vida.

Deus pode transformar os desejos de seu coração e a própria natureza de suas paixões, mas primeiro você deve permitir que ele mude seu jeito de pensar. Este é um propósito importante contido nas orações bíblicas deste livro. Mas aconselho você a não se limitar a elas. Uma dose forte de verdade é a melhor receita para fortes doses de escravidão. Mergulhe no estudo aprofundado da Palavra de Deus e permita que ele limpe de sua mente todo tipo de engano, reprogramando-a com a verdade.

Em seguida, seus sentimentos começarão a ser transformados de maneira radical. Durante esse processo, você descobrirá algo muito mais precioso até do que sua libertação: encontrará o Libertador. Só ele pode libertar sua vida. Nesse processo, porém, você estabelecerá um relacionamento com Jesus Cristo que proporcionará cura de todos os males do coração e preencherá todas as lacunas que fizeram de sua vida uma espécie de tragédia anunciada.

Uma das conselheiras cristãs que mais respeito neste mundo é uma mulher que já foi cativa dessa rede satânica que dissemina a mentira da homossexualidade. Ela me sugeriu estas palavras para serem usadas com qualquer pessoa que busca a libertação:

> Você não pode romper com isso por conta própria, pois sua vontade apenas troca a dependência doentia por outra de um tipo diferente, caso você não passe pelo processo de cura. É muito freqüente ver pessoas que cessam as manifestações externas do problema e pensam que, por isso, estão livres. Mas se as raízes da questão não foram resolvidas, elas não se libertaram de fato. O que fizeram foi controlar as manifestações externas, mas por dentro permanecem vivendo na escravidão. Continuam deixando de conquistar a verdadeira vitória porque ainda acreditam nas mentiras.

Deixar o comportamento exterior é um grande passo na direção certa, mas não se pode parar por aí. Isaías 1:16-17 diz: "Cessai de fazer o mal. Aprendei a fazer o bem". Em outras palavras, a Palavra de Deus nos orienta a dar prosseguimento ao processo, não só deixando as ações pecaminosas, como também aprendendo como viver da maneira correta.

Nossas fortalezas, com certeza, não se limitam ao comportamento exterior. Na verdade, nossas atitudes doentias apenas constituem indicadores mais óbvios de um problema interno. Muitos homens e mulheres estão envolvidos em casos que não envolvem relação sexual, seja com alguém do mesmo sexo, seja do sexo oposto. A cura acontece nos lugares mais profundos do coração e da mente.

Mais do que qualquer outra coisa, o segredo para a libertação é não limitá-la a *deixar de fazer* alguma coisa, e sim tornar-se livre *para fazer* outra. O motivo pelo qual muitos voltam a ser escravos das antigas fortalezas espirituais é que eles são temporariamente libertados e *deixam* a prática do pecado, mas não seguem adiante no processo de libertação para viver de uma maneira saudável, que agrada a Deus.

Não importa que tipo de fortaleza espiritual você está tentando vencer, o remédio de Deus é sua verdade. Quando você orar e clamar de acordo com as Escrituras, faça uma opção por crer na verdade de Deus, mesmo que ainda sinta a mentira. Sempre que possível, declare em voz alta:

> Deus, sei que aquilo que tua Palavra diz é verdadeiro, embora eu ainda me sinta tentada a pensar o contrário. Tua Palavra continuará sempre a mesma, mas meus sentimentos mudarão. Ajuda-me a entender que o primeiro passo é crer com a mente, e logo meu coração também será transformado.

Isso pode acontecer porque Deus é quem opera essa mudança em sua vida, se você permitir. Dê ao Senhor seu *tempo* e sua *sinceridade*, e nada será impossível. Rejeite as mentiras de Satanás, pois ele tentará lhe convencer de que jamais poderá ser uma pessoa livre. Não percebe? Ele tem medo de você! Ele treme de medo só de pensar naquilo em que você pode se tornar, e no poder de seu testemunho quando Deus operar a libertação.

Vá até onde Deus guiar sua vida. Ele já providenciou o sangue. Agora você entra com sua parte: o suor e as lágrimas. Com base na autoridade da Palavra de Deus, posso assegurar que sua libertação valerá esse esforço.

As orações bíblicas a seguir tratam especificamente das fortalezas espirituais da imoralidade sexual, mas outros livros desta série envolvem questões fundamentais que também se aplicam a esse problema. Você também pode adotar algumas orações contidas nos livros relacionados à vitória sobre o orgulho, sobre a culpa e sobre o inimigo.

Mas tome cuidado. A partir do momento em que o inimigo notar que você está se libertando das fortalezas e buscando a santidade, ele intensificará as tentações. Fique alerta e enfrente o Diabo. No entanto, se você cair de vez em quando, *não desista.* Levante-se, peça perdão e volte para a trilha da liberdade.

Lembre-se de que Deus deseja renovar por completo a mente e os hábitos. Esse processo leva tempo. Deus não espera por perfeição total e absoluta aqui na terra. Seu Filho já cumpriu esse requisito. O Senhor procura corações que o busquem, e à sua justiça, constantemente. A vitória a longo prazo é resultado de muitas vitórias a curto prazo que, por fim, cooperam para a formação de novos hábitos.

Entenda que nenhum de nós é capaz de vencer as fortalezas, a não ser que tenhamos aceitado Jesus Cristo como Salvador e Senhor. Se você nunca fez isso, eu ficaria imensamente feliz de sugerir essa oração transformadora:

> Senhor Jesus, eu, ____________________, percebi que o pecado me escravizou, e que sou incapaz de promover minha salvação por conta própria. Reconheço que tu és o Filho de Deus, e que já pagaste o preço relativo a meu pecado. Só preciso tomar posse disso. Vejo agora que tu morrestes *por mim*. Levaste cada um de meus pecados — passados, presentes e futuros — quando subistes à cruz. Aceito o dom da graça oferecido a mim por meio de tua morte sacrificial. Não posso ser suficientemente bom para entrar no céu, nem para garantir a vida eterna contigo. Tu pavimentaste a estrada para mim com teu sacrifício perfeito e puro, por isso aceito teu dom com alegria. Vem e habita em mim, Jesus, na pessoa de teu Espírito Santo, e liberta-me para viver em tua ressurreição. Obrigado desde já, ó Deus, porque nunca me deixarás ou abandonarás.

Orações

Senhor Deus, não compreendo meu modo de agir. Não faço o que desejo, mas faço o que detesto. O pecado habita em mim. Sei que nada há de bom em mim, ou seja, em minha natureza pecaminosa. Não consigo fazer o bem que gostaria, mas o mal que quero evitar, este eu faço. Descobri que, quando quero fazer o bem, o mal está perto de mim (Rm 7:15-21).

Senhor Deus, em meu ser me deleito em tua lei, mas vejo que outra lei funciona nos membros de meu corpo. Ela guerreia contra a lei de minha mente e me faz um prisioneiro da lei do pecado. Sou uma pessoa miserável! Quem me resgatará desse corpo mortal? Dou graças a Deus por intermédio de Jesus Cristo, nosso Senhor (Rm 7:22-25). Senhor, tu enviaste teu Filho para me resgatar deste corpo mortal! Liberta-me para uma nova vida em ti. Não preciso ser um prisioneiro do pecado. Por favor, ajuda-me a compreender que a batalha travada em meu corpo começa em minha mente. Por favor, ajuda-me a render minha mente a ti e à tua verdade.

Ó Senhor, tu me sondaste, por isso me conheces bem. Sabes quando me sento e quando me levanto. Mesmo quando estou à distância, tu penetras meus pensamentos. Sabes como acordo e como durmo. Todos os meus caminhos te são familiares (Sl 139:1-3). Pai, te agradeço porque, por me amares tanto, sabes tudo a meu respeito. Ajuda-me a ser sempre honesto diante de ti. Não preciso esconder mais nada.

Senhor Deus, se eu disser que não tenho pecado nenhum, estarei me enganando e faltando com a verdade. Se confesso meus pecados, tu és fiel e justo, e me perdoarás. Também me purificarás de todo tipo de injustiça (1Jo 1:8-9). Pai, por favor, ajuda-me a aceitar o fato de que há perdão para meus pecados, desde que eu apresente arrependimento sincero.

Tu, ó Deus, criaste meu interior e me formaste no ventre de minha mãe. Eu te louvo porque fui gerado de um modo maravilhoso. Tuas obras são admiráveis, e eu sei disso muito bem (Sl 139:13-14). Pai, meu corpo não é horrível. Apenas não o tenho usado direito. Por favor, santifica meu ser.

Ah, soberano Senhor, tu fizeste os céus e a terra com grande poder, estendendo teu braço. Nada é difícil para ti (Jr 32:17).

Senhor, reconheço que me desviei [...] A razão pela qual tu, o Filho de Deus, vieste foi para aniquilar as obras do Diabo (1Jo 3:7-8). Senhor, eu era manipulado pelo mal. Obrigado porque tu vieste à terra para morrer e ressuscitar, destruindo as obras de Satanás. Por favor, acaba com tudo o que ele tenha feito em minha vida. Separa-me para que, daqui para a frente, eu sirva apenas a ti, Senhor.

Senhor Deus, de acordo com tua Palavra, quem nasce de ti não continua pecando, pois a divina semente está nessa pessoa (1Jo 3:9). Por favor, ajuda-me a compreender e admitir que, se declaro pertencer a ti, não posso simplesmente continuar a pecar. Ó Deus, se teu Espírito não habita em mim neste momento e se não sou salvo da destruição eterna, por favor, abre meus olhos e conduze-me à tua salvação!

É dessa maneira que posso saber que pertenço à verdade, e que posso descansar meu coração em tua presença toda vez que ele me condena. Pois tu, Senhor, és maior do que meu coração, e conheces todas as coisas (1Jo 3:19).

Senhor Deus, reconheço diante de ti que meu corpo não foi criado para a imoralidade sexual, mas para ti, Senhor. Tu, ó Deus, deves ter autoridade sobre meu corpo, proporcionando a ele santificação e sentido. Sei que meu corpo é um membro do próprio Cristo. Por isso, não devo envolver os membros de Cristo em um relacionamento profano (1Co 6:13-15).

No livro *Quebrando correntes*, Neil Anderson fala sobre a importância de renunciar a pecados e fortalezas espirituais do passado. Ele exorta as pessoas que lutam contra a imoralidade sexual para que orem, com sinceridade, desta maneira:

Senhor, renuncio a todo uso de meu corpo como instrumento de iniqüidade. Peço-te que quebre toda a escravidão que Satanás impôs sobre minha vida por causa desse envolvimento. Confesso minha participação nesse processo. Agora, apresento diante de ti meu corpo como sacrifício vivo, santo e aceitável, e reservo o uso sexual de meu corpo apenas para o casamento. Renuncio à mentira diabólica segundo a qual meu corpo seria sujo ou, de alguma maneira, inaceitável por causa de minhas experiências sexuais do passado. Senhor, te agradeço porque me purificaste e perdoaste. Tu me amas e me aceitas incondicionalmente. Portanto, posso me aceitar também. E minha opção é esta. Em nome de Jesus, amém.

Sei, Senhor, que meu corpo é templo do Espírito Santo, que habita em mim, pois o recebi de ti. Não sou mais meu. Fui comprado por alto preço. Por essa razão, meu desejo é te glorificar, Deus, com meu corpo (1Co 6:19-20).

Pai, de acordo com tua Palavra, uma pessoa pode ser entregue a Satanás para a destruição da natureza pecaminosa, a fim de que o espírito seja salvo no Dia do Senhor (1Co 5:5). Ó Deus, por favor, ajuda-me a colocar minha vida em tuas mãos agora.

Deus, por favor, não permita que os desejos pecaminosos de meu coração me levem à impureza sexual, desonrando meu corpo com outra pessoa. Admito que tenho mudado a verdade de Deus em mentira (Rm 1:24-25).

Fico impressionado ao constatar meus fracassos.
Contudo, o mais maravilhoso é que Deus continua
trabalhando em minha vida e por meio dela,
apesar de tudo. Estou convencido de que ele tem
operado com mais freqüência por meio de meus
fracassos do que em meus sucessos. Sou grato
porque a Bíblia está repleta de fracassados que
se transformaram em campeões da fé: os Pedros,
os Davis, os Moisés, os João Marcos e os Jonas.
As histórias dessas pessoas me mostram que
Deus não olha para nossas conquistas, mas para
nós — e que mesmo os meus fracassos podem
ser usados para sua glória final.

Tim Hansel, em *Holy Sweat*

Senhor, se eu continuar sendo obstinado e não me arrepender de coração, tua Palavra diz que estarei acumulando ira contra mim para o dia em que teu juízo for revelado. Para aqueles que só buscam a satisfação e glória pessoal e rejeitam a verdade para seguir o mal, haverá ira e indignação. Os que praticam a iniqüidade passarão por tribulação e angústia. Mas todos que perseveram em fazer o bem receberão glória, honra e paz (Rm 2:5-10). Senhor Deus, ajuda-me a ver que o "bem" que tu desejas de mim como reação a meu pecado é o arrependimento, a dependência de ti e a rendição de minha vida a teus pés. Não preciso viver preso ao pecado. Liberta-me, Senhor.

capítulo dez

Como derrotar o inimigo

Para o caso de alguém ainda estar em dúvida, posso assegurar que *o Diabo existe*. Você pode sentir a tentação de responder assim: "Ah, eu sempre soube disso". Aqui está um conceito muito importante: vivemos não apenas de acordo com as coisas que *sabemos*, mas também segundo aquelas em que *cremos*. A fé genuína é uma convicção que muda toda a vida da pessoa. O modo como caminhamos, com nossos pés de barro, sobre o asfalto quente da vida evidencia o alvo de nossa fé verdadeira.

Assim como muitos de vocês, eu não estava devidamente preparada para a batalha que teria de enfrentar em minha vida cristã, embora tivesse sido criada dentro da igreja. Não estou culpando ninguém; contudo, considerando que represento uma situação recorrente, sinto-me compelida a contar isso a todas as pessoas que conheço. Assim, elas poderão aprender, na sala de aula da igreja, o que eu fui, infelizmente, obrigada a aprender de modo bem mais duro.

Quando eu tinha quase trinta anos, não dava muita atenção às doutrinas concernentes à batalha espiritual e ao Diabo. Sim, em certo sentido, eu *sabia* o básico, mas não tinha muita convicção daquilo em que eu realmente *acreditava*. Voltando ao passado, posso dizer que minha ignorância era até irônica, pois Satanás, com certeza, registrou inúmeras vitórias em minha vida naquela época. Ele é, sem dúvida, o autor de todos os crimes contra as crianças, e queria destruir minha vida desde que eu era uma garotinha. Eu só não sabia que meu inimigo era *ele*.

Meu despertamento para essa realidade aconteceu quando eu estava com trinta e poucos anos, logo depois de terminar de escrever meu primeiro estudo bíblico. Naquela época, eu não tinha idéia que viria a escrever outro, e certamente não imaginava que eles viessem a ser publicados. Tudo o que fiz foi escrever o estudo para um grupo maravilhoso de mulheres a quem eu ensinava naquele tempo. Descrevo parte dessa experiência de minha vida no capítulo 8, pois Satanás me cercou de trevas *logo depois* de eu concluir o estudo.

Escrever sobre o tabernáculo foi minha primeira temporada intensiva na presença de Deus dentro de nossa versão do Santo dos Santos, e eu pulei de pára-quedas — literalmente — assim que terminei. Não quero perder tempo ou espaço deste livro sendo redundante. Por isso, se você tiver interesse em conhecer um pouco mais dessa experiência sobre a qual estou prestes a falar, sugiro que leia o capítulo 8.

Satanás não perdeu tempo em me atacar depois que terminei meu primeiro período de comunhão íntima com Deus. O Senhor o manteve distante de mim enquanto eu estava mergulhada no estudo, mas o leão estava, de fato, à espreita em minha porta, aguardando o momento em que eu sairia. A Palavra nos diz, com clareza, que há uma guerra por nossa vida nas regiões celestes (Ef 6). Freqüentemente deixamos de perceber essa batalha que está ocorrendo à nossa volta o tempo todo.

Olhando para trás, estou absolutamente convencida de que, como qualquer outra serva de Deus, tornei-me alvo de especial interesse do Diabo a partir do momento em que decidi fazer a faculdade de teologia. Embora eu tivesse feito o melhor que podia para servir a Deus no trabalho que realizava em minha igreja, não era uma ameaça muito grande a Satanás porque não conhecia a verdade.

Aos vinte e tantos anos, percebi como era uma analfabeta na Palavra de Deus, e resignei-me a participar de minha primeira aula de doutrina bíblica. Em vez de achar tudo muito chato, como eu acreditava que aconteceria, minha alma toda acordou para a vida. Comecei a viver um caso de amor com Jesus Cristo, por meio de sua Palavra, que, desde então, tem se espalhado como fogo em meu ser.

Nessa época, acredito, deixei de ser apenas *interessante* para Satanás para me tornar um motivo de *preocupação* para ele. Foi quando a mudança aconteceu. Eu ensinava, em estilo de palestra, numa turma que se reunia todas as quintas-feiras numa igreja de Houston. As senhoras me procuraram e disseram: "Adoramos assistir às suas aulas, e gostaríamos muito de ficar, mas queremos lições para fazer em casa, como algumas das outras turmas de estudo bíblico estão fazendo".

As lágrimas me vêm aos olhos quando lembro de como elas me abordaram. Agora eu sei que elas foram totalmente influenciadas pelo Deus vivo, que me amou e entregou seu Filho por mim. Na hora, porém, eu ri e disse a elas que não havia a menor possibilidade de eu elaborar uma lição para fazer em casa. Eu nem sabia como fazer aquilo. Elas me garantiram que o Senhor me orientaria. Em prantos, digo (para a glória de Deus): *ele me ensinou.* E o fez de várias maneiras, tanto agradáveis quanto difíceis, mas todas com potencial para transformar minha vida.

Quando escrevi a primeira série, minha vida sofreu uma grande transformação. O inimigo assistiu quando uma paixão por Deus tão intensa quanto um incêndio florestal encheu meu coração. De repente, eu já não era mais *alvo de interesse* nem uma *preocupação* para Satanás — já tinha me tornado uma *ameaça*.

Nesse ponto, assim como tantas outras pessoas que levam Deus a sério, fiquei na alça de mira do Diabo. Veja bem, só passamos a ser uma grande ameaça a Satanás quando começamos a andar com convicção na verdade. Lembre-se de que a espada do Espírito é aquilo que Satanás tenta evitar a qualquer custo. Ele é um calculista metódico; por isso, enquanto dediquei meu tempo a Deus no Santo dos Santos, o Diabo arquitetou um plano.

Ele tinha um trunfo. Sabia que eu guardava segredos bem no fundo de minha alma, dos quais minha consciência não tinha a menor idéia. Satanás também sabia, com base em meu passado, que meu coração ainda estava profundamente ferido e magoado. Eu pensava que era uma pessoa bem-resolvida. Tinha vivido bem por tantos anos... mas nunca havia alcançado a vitória.

Ah, como é sábio compreender a enorme diferença entre as duas coisas. *Viver bem* descreve como lidamos com desafios relativamente fáceis de administrar, inclusive para não-cristãos. É quando resolvemos alguns desafios muito grandes por algum tempo. *Viver de modo vitorioso* expressa nosso jeito de viver como vencedores, apesar da oposição de Golias.

Por favor, compreenda que eu não tinha a menor idéia da escravidão que permanecia em meu coração. Por várias vezes já comentei que não sabia que era uma pessoa cativa até que Deus começou a me libertar. No entanto, Sanatás sabia, com certeza. Estou totalmente convencida de que o Diabo pediu para me peneirar como trigo, como já fizera com tantos outros servos de Deus, e que o Senhor deu a ele essa permissão. Deus sabia que aquilo que Satanás havia planejado para me trazer o mal seria usado pelo Senhor para promover meu bem. O Diabo orquestrou uma sucessão de acontecimentos que até hoje me causa arrepios. Vou contar a você apenas alguns deles.

Terminei o primeiro estudo bíblico numa manhã de quinta-feira. Na mesma hora, comecei a sentir como se trevas muito estranhas caíssem sobre mim, como se formassem um manto. Eu não conseguia entender o que estava acontecendo comigo. Era uma sensação esquisita, como se eu estivesse perdida; um medo horrível que passei a enfrentar quando dei de cara com a vida do lado de fora do "Santo dos Santos".

No dia seguinte, eu tinha um compromisso marcado com uma mulher de outra cidade que também trabalhava em sua igreja e tinha um histórico de abuso sofrido durante a infância. Acredito, de todo o meu coração, que o Espírito Santo me revelou que eu não estava em condições de aconselhar aquela vida tão preciosa, mas, em respeito à pessoa que me pedira para fazer aquele favor, tolamente concordei.

Enquanto ela descrevia os detalhes do abuso que havia sofrido, comecei a suar até ficar encharcada. Já não conseguia ouvir nada do que aquela mulher me dizia. De algum modo, as descrições que ela fez dispararam uma sucessão de lembranças torturantes de minha vida, como se alguém tivesse gravado um vídeo com o registro detalhado de todos os acontecimentos mais horrendos de minha infância.

Também aconteceram coisas boas em minha infância, mas posso garantir que elas não estavam registradas naquele *vídeo* em minha mente. Assim que arranjei uma desculpa, fui correndo para meu carro. Eu estava fisicamente tão mal que precisei apoiar a cabeça no volante até aquela náusea terrível e as tremedeiras diminuirem o suficiente para que eu pudesse dirigir. Minha cabeça estava girando. E aquilo era apenas o começo.

Satanás continuou executando sua trama bem urdida para destruir minha vida. Até hoje ainda tremo quando lembro daquilo e avalio os ataques metódicos e calculados do Diabo. As fortes investidas do inimigo duraram meses. Sofri com pesadelos terríveis, dificuldade para respirar, medo, confusão e sensações de impotência, desespero e derrota.

Satanás me atacou por todos os lados, e por várias vezes me pegou com a guarda baixa. Ele me colocou em várias situações nas quais sabia que eu não tinha experiência. Conforme aquela seqüência de ataques continuou, temi que pudesse perder a sanidade mental. Por algum tempo, senti-me tentada a desistir, e só não o fiz porque amava muito minha família.

O grande enganador não tirou proveito apenas das coisas verdadeiras de meu passado; ele também inseriu mentiras e distorções. Embora o período mais furioso da batalha tenha durado pouco menos de um ano, durante muito tempo depois eu não era capaz de discernir as mentiras das verdades, e as distorções das informações precisas.

Deus permitiu ao inimigo me peneirar como trigo durante determinado tempo... e, nessa época, Satanás celebrou sua vitória à minha custa. Gostaria muito de poder dizer que lutei contra ele e desde o início me saí bem, mas não foi assim que aconteceu. O Diabo se aproximou perigosamente do cumprimento de seu objetivo. No fim, ele não venceu. No entanto, ainda hoje carrego marcas em minha vida. Deus as usa para me lembrar da situação que enfrentei, e pela qual nunca mais quero passar.

Estou prevendo uma reação que desejo tratar e redirecionar desde já. Não dei esse testemunho que você acaba de ler com a intenção de me concentrar nas lembranças de abuso sofrido na infância que foram resgatadas. Meu objetivo era fazer você compreender como Satanás pode se aproveitar de áreas que não foram tratadas pela Palavra de Deus, que tem poder para proporcionar cura.

Não sou nenhuma conselheira para vítimas de abuso na infância. Graças a Deus, muitas pessoas têm sido capacitadas pelo Senhor para isso. Se você está enfrentando alguma luta nessa área, seria sábio procurar a ajuda de um desses conselheiros. Peça a seu pastor para recomendar alguém, caso precise de uma ajuda extra. Foi o que eu fiz.

Mas quero fazer um alerta: em certos casos de aconselhamento para pessoas que sofreram abuso na infância, Satanás consegue alguns avanços por causa do conceito de "recuperação de lembranças". Já virou quase uma moda. Por favor, preste atenção, pois o Diabo pode sugerir praticamente tudo. *O fato de aparecer, de repente, uma imagem em nossa mente não significa necessariamente que tenhamos passado por aquela situação.* Mantenha-se alerta para esta dica: quando a recuperação das lembranças é genuína, ela surge como uma peça perdida de um quebra-cabeça que se encaixa em outras peças que já estavam sobre a mesa.

Em outras palavras, eu apresentei praticamente todos os sintomas de uma pessoa que fora vítima de abuso durante a infância. Na maior parte do tempo, eu era uma criança muito chorona e medrosa. Passei por uma época da vida em que arrancava meus cabelos aos punhados. Meus anos de adolescência foram marcados por decisões infelizes, nas quais me senti impotente e sem controle das coisas. Eu era muito infeliz, e sentia uma vergonha terrível cujo motivo não conseguia entender. Poderia continuar relatando uma imensa lista de problemas. Mas preste atenção nisto: na hora em que as últimas peças do quebra-cabeça foram colocadas sobre a mesa, *elas se encaixaram*. Tome cuidado com peças que não se encaixam no restante da imagem!

Pode ser que você também se interesse em saber que eu era uma estudante muito dedicada, popular, bonita e elegante, e me esforçava para causar uma boa impressão. Acredito que Satanás viu uma mulher jovem, na faixa dos trinta anos, cujo coração não passava de uma vidraça toda rachada a ponto de estilhaçar. Bastava apenas um toque com mais força para destruir tudo.

Sim, o Diabo conseguiu me quebrar. Mas Deus proporcionou um quebrantamento bíblico a partir daqueles cacos, e da humilhação ele suscitou humildade em meu ser. Com amor, o Senhor aproximou-se de mim em meu momento de maior desespero e caos. Era como se ele beijasse meus joelhos e cotovelos, feridos durante a queda. Ele disse a meu coração o que, a seguir, tento colocar em palavras:

> Minha filha, se você está mesmo disposta a fazer isso, terá de me permitir acesso irrestrito a seu coração, sua mente, sua alma e seu corpo. A plenitude acontecerá quando você se entregar a mim *por completo* e deixar que eu complete todas as lacunas de sua vida. Você já sabe o que Satanás é capaz de fazer. Está pronta para aprender como se erguer e lutar?

Aquele foi meu treinamento intensivo para a batalha espiritual. Espero que você consiga aprender a partir de minha experiência, em vez de ter de passar por tudo aquilo. Satanás está muito zangado porque achava que eu me sentiria envergonhada demais para contar todas essas coisas. Ele se enganou. Se minha história de vida pode ajudar você, vale a pena compartilhá-la, mesmo que algumas pessoas possam fazer mau juízo a meu respeito.

Veja bem, por mais que eu desejasse que meu testemunho fosse na base da "derrota-salvação-vitória", não foi assim que ocorreu. Está mais para "salvação-confusão-tristeza-derrota-sucesso-mais derrota-fracasso total-vitória". Meu testemunho, em essência, é de que há vida depois do fracasso — vida abundante, produtiva, cheia do Espírito Santo para todos que estejam dispostos a se arrepender e trabalhar duro!

Sinto que alguém precisava saber disso. Sim, Deus ainda pode nos usar, mas precisamos colocar a face no chão, assumir responsabilidade total por nosso pecado, receber a disciplina amorosa do Senhor e caminhar resolutos na verdade da Palavra do Senhor. Sem exceção, todas as pessoas vitoriosas que conheço, e que colocaram a cabeça no lugar depois de sofrer uma derrota terrível, só encontraram a vitória porque resolveram caminhar de maneira radical e sincera com Jesus. Para gente como eu, quase tudo é preto no branco. Aprendi do modo mais difícil o que pode acontecer quando você anda perto demais de um buraco: o risco de cair é grande.

Neste momento, estou vivendo de modo vitorioso sobre as muitas fortalezas espirituais que Satanás colocou em meu caminho. Tem sido assim há anos. No entanto, meu testemunho hoje deve ser alvo de meu cuidado, e de mais ninguém. Em sua graça, Deus me permitiu que eu me reerguesse várias vezes — foram testes difíceis, pelos quais passei na segunda tentativa.

Não tenho dúvida de que terei de enfrentar mais testes, mas oro muito para que consiga passar em todos eles. Oro para que, mesmo quando não conseguir escapar do tombo, eu consiga me equilibrar para não cair. Se não tomarmos cuidado, podemos reagir a um período de batalha intensa com legalismo e escravidão religiosa. Fique alerta para não trocar um tipo de cativeiro espiritual por outro! Uma caminhada sincera na verdade é uma jornada de liberdade gloriosa!

Sim, rendi minha vida para caminhar de modo resoluto com Deus, mas não sou uma pessoa triste nem luto contra algum sentimento do tipo "esse é o preço que tenho de pagar por ter sido derrotada pelo Diabo". Cheguei a uma situação na qual, na maioria das vezes, me alegro por fazer a vontade de Deus, e vejo seus preceitos para mim como sinais verdes para alcançar a vitória, a paz, a alegria, a plenitude e a paixão pelo Senhor. Fui obrigada a tomar algumas decisões radicais, mas não trocaria meu relacionamento com Jesus Cristo, que descobri na hora do desespero, por toda a fama que o mundo pudesse me oferecer.

Permita que eu me expresse com muita clareza: nunca mais quero voltar para aquela vida de derrota, por isso estou alerta o tempo todo. O sofrimento foi muito grande, e o preço que paguei foi enorme! Contudo, Deus usou minha derrota para me conduzir a um ministério e a uma autenticidade que eu jamais conheceria de outra forma. Quase desisti desse ministério, e hoje percebo que era o que Satanás tencionava.

Tenho consciência de que algumas pessoas legalistas, que dificilmente cometem erros, poderiam ter contribuído para que eu desistisse, se soubessem os detalhes de minha história. Mas seria uma vergonha se isso acontecesse. Só mesmo quando me quebrantei foi que Deus ficou à vontade para criar em mim um coração saudável e me ensinar a humildade e a compaixão de um verdadeiro servo do Senhor.

Ainda tenho muita estrada por percorrer, mas o Diabo já está atento: mesmo que ele crie muitas dificuldades em minha vida, não pode mais me fazer desistir. Tal como você, sou uma filha amada de Deus, e já venci os espíritos das trevas porque

Aquele que está em mim é maior do que o que está no mundo (1Jo 4:4).

Qual é minha vingança, depois de tudo quanto Satanás fez comigo? Permitir que Deus faça de mim uma inimiga do inferno duas vezes mais perigosa do que poderia ter sido. Sabe qual é minha alegria? Caminhar na verdade, tão consciente das experiências por que passei que agora não quero mais saber de sair de perto de Jesus. Ao compartilhar esse testemunho, minha oração é para que:

- Você tenha noção de que Satanás pode atacar os que buscam a Deus, e o fará, principalmente se achar que está sendo ameaçado.
- Você se sinta mais capacitada a passar pela "peneira de trigo" do que eu estava.
- Você encontre esperança, caso também tenha um histórico de derrotas.
- Você nunca me coloque num pedestal, pois sou fraca em minha carne, assim como qualquer outra pessoa (Rm 6:19).
- Você caminhe resoluta, com alegria e plenitude na verdade da Palavra de Deus.
- Você se torne uma inimiga poderosa contra o inferno.

Infelizmente, Satanás tem conseguido sucesso em induzir a grande maioria de nossas igrejas ao desequilíbrio no que diz repeito a todas as coisas que o ameaçam. A natureza humana é atraída como ímã aos extremos que, por sua vez, são aplicados nas mensagens pregadas nos púlpitos. Temos a tendência de dar ao Diabo crédito demais ou de menos.

Não há como dizer isso com a gravidade necessária: é imperativo, nestes dias em que vivemos, e nos quais fomos incumbidos de ocupar a terra, que os cristãos caminhem na verdade e de acordo com a sã doutrina. Assim como Cristo alertou em Mateus 24, vivemos numa época caracterizada pelo crescimento desenfreado do engano e da iniqüidade. Satanás conhece os sinais bíblicos da volta iminente de Cristo muito melhor do que nós, e está furioso porque sabe que seu tempo é curto (Ap 12:12).

Por essa razão, nessa guerra contra os filhos de Deus, o Diabo usa o equivalente a armas nucleares, enquanto continuamos armados com estilingues. Não sou especialista em batalha espiritual, mas Deus escolheu incomodar meu coração com essa derrota desnecessária dos que crêem em Jesus Cristo, fazendo-me embaixadora da mensagem de vitória. Uma guerra de proporções sem precedentes está sendo travada contra a Igreja e o povo de Deus. Precisamos vestir nossa armadura, aprender a usar nossas armas e lutar com a confiança daqueles que sabem estar destinados à vitória.

Além de aprender como usar a espada do Espírito com destreza, chegou a hora de orar com fervor por discernimento espiritual para que possamos manter firmeza e equilíbrio no campo de batalha. A Palavra de Deus nos orienta a não ignorar as artimanhas de Satanás, mas também precisamos estar bem atentos: nosso foco é Jesus Cristo.

A Palavra de Deus nos fornece a medida certa de atenção que deve ser dedicada aos conceitos *relacionados* e *aplicados* a Satanás e à vitória sobre nossos inimigos. O conceito aparece logo em Gênesis 3; em seguida, em Gênesis 4:7, recebemos o aviso de que "o pecado jaz à porta; seu desejo será contra ti, mas a ti cumpre dominá-lo".

O livro de Êxodo apresenta muitas possibilidades de aplicação para os que estão cativos em *Egitos* próprios, desesperados por libertação. Deuteronômio e Números também tratam da extrema importância de ser obediente à Palavra de Deus, se nosso desejo é, de fato, viver de modo vitorioso, apesar do cerco dos inimigos. O livro de Josué é, talvez, incomparável quando se trata de aplicar princípios do Antigo Testamento na vida do cristão que procura viver como "mais que vencedor".

O livro de Juízes tem muito a dizer sobre a ligação inegável entre o pecado e a derrota. O mesmo pode ser dito dos livros de 1 e 2Samuel, 1 e 2Reis e 1 e 2Crônicas. Os salmistas também são ótimos professores tanto para os derrotados quanto para os vitoriosos. O assunto de todo o livro de Isaías é o cativeiro provocado pela rebelião e pela idolatria, e o plano divino de redenção e libertação.

Nas espístolas do Novo Testamento, o grande apóstolo Paulo escreveu muito sobre a tragédia da derrota e o chamado a uma vitória consistente. As cartas de Pedro também foram escritas por um especialista, visto que ele foi "peneirado como trigo" pelo próprio mestre do engano. A Bíblia, é claro, termina com a Carta Magna da guerra, do juízo e da eterna vitória que é o impressionante livro do Apocalipse.

Como você pode ver, boa parte da Palavra de Deus aplica-se especificamente às batalhas que enfrentamos. No entanto, a Bíblia é composta de 66 livros, e não citei a maioria deles. Sabe aonde quero chegar? A Bíblia tem *muita coisa* a dizer sobre como buscar a Deus, sua justiça e seu plano para nossa vida. Creio que uma conclusão sábia à qual podemos chegar sobre a ênfase que as Escrituras apresentam é a seguinte: dedique *muito* tempo e esforço para se tornar uma pessoa vitoriosa e capacitada nessa batalha, mas dedique *mais* tempo e *mais* esforço *ainda* para buscar o coração de Deus e todas as coisas que dizem respeito a ele. Muito sobre a guerra espiritual; *muito mais sobre o próprio Deus*.

As orações bíblicas que você verá a seguir são para aqueles momentos em que você tem certeza ou a suspeita de que Satanás está tentando impor derrota sobre sua vida. A vitória é um direito seu por herança. Conquiste-a.

Orações

Ó Deus, como sou grata porque olhaste para minha aflição e ouviste meus clamores por causa de Satanás, aquele que conduz à escravidão. Tu te preocupas com meu sofrimento. Desce para me resgatar, ó Senhor, e leva-me para a terra de tua promessa (Êx 3:7-8).

Senhor Deus, tu és o Grande EU SOU (Êx 3:14). Este é teu nome *para sempre* (Êx 3:15). Meu inimigo não pode se opor a ti.

Cantarei a ti, Senhor, pois tu és exaltado. Tu lançaste no mar o cavalo e seu cavaleiro! Tu, Senhor, és minha força e meu cântico; tu és minha salvação. Tu és meu Deus, e por isso te louvarei. Tu és guerreiro; SENHOR é teu nome. (Êx 15:1-3).

A tua mão direita, ó Senhor, é majestosa em poder. Ela despedaça o inimigo. Na grandeza de tua majestade, tu derrrubarás aqueles que se levantam contra ti. Tua fúria consumidora virá dos céus para consumir o inimigo como palha (Êx 15:6-7).

Senhor Deus, o inimigo se vangloriava, dizendo: "Perseguirei, alcançarei, repartirei os despojos; a minha alma se fartará deles, arrancarei a minha espada, e a minha mão os destruirá". Mas tu podes soprar e cobrir meu inimigo com o mar. Ele afundará como chumbo em águas impetuosas (Êx 15:9-10). Senhor, teu poder não diminuiu desde os dias em que revelaste teu poder e tua glória ao lutar por Israel. Também sou tua filha. Luta por mim, ó Deus! Subjuga aquele que tenta me subjugar.

Quem é como tu entre os deuses, ó Senhor? Quem é como tu, glorificado em santidade, maravilhoso em glória, capaz de operar maravilhas? Estende tua mão direita e destrói meu inimigo, ó Deus (Êx 15:11-12).

Para destruir a "fortaleza de nossas experiências" é preciso que "seja Deus verdadeiro, e mentiroso, todo homem" (Rm 3:4). O único que tem o direito de moldar nossa vida é Jesus Cristo. Devemos determinar que ninguém mais pode nos moldar, nem mesmo nossas experiências, a não ser que estejam de acordo com as promessas de Deus. Quem está, de fato, orientando nossa vida: Deus ou nossas experiências?

Francis Frangipane, em *The Three Battlegrounds*[1]

Deus Pai, eu te agradeço porque aqueles que pertencem a ti foram postos por cabeça, e não por cauda! Se eu for obediente a ti, Senhor meu Deus, e não me desviar de teus caminhos, tu não permitirás que o inimigo me mantenha no chão (Dt 28:13-14).

Não há outro semelhante a ti, ó Deus, que cavalgas sobre os céus e as nuvens, majestoso, para me ajudar! Tu, Deus eterno, és meu refúgio, e teus braços eternos me sustentam. Tu expulsarás o inimigo dizendo: "Destrua-o!" (Dt 33:26-27).

Quem é como o teu povo, ó Deus, salvo pelo Senhor? Tu és meu escudo, aquele que me socorre, minha espada gloriosa. Subjuga meu inimigo, Senhor! Derruba seus lugares altos (Dt 33:29).

Senhor Deus, quando teus filhos, os israelitas, foram derrotados numa batalha, tu revelaste a eles que estavam mantendo

[1] Ed. bras.: *Os três campos de batalha*. São Paulo, Vida, 2003.

consigo coisas que não lhes pertenciam. Tu disseste: "Aos vossos inimigos não podereis resistir, enquanto não eliminardes do vosso meio as coisas condenadas" (Js 7:13). Deus Pai, peço-te, com sinceridade, que revele qualquer coisa em minha vida que possa ser obstáculo à vitória, e em seguida me dê a coragem de entregar esse problema a ti.

Satanás se alimenta daquilo que deixamos de entregar a Deus.

Francis Frangipane, em *The Three Battlegrounds*

Guarda-me, ó Deus, porque em ti me refugio. Eu digo a ti, meu Senhor: "Tu és o meu Senhor; outro bem não possuo, senão a ti somente" (Sl 16:1-2).

Senhor, meu Deus, mostra as maravilhas de teu grande amor, tu que salvas com tua mão direita aqueles que se refugiam em ti contra os inimigos. Guarda-me como a menina de teus olhos; esconde-me, sob tuas asas, dos perversos que me assediam (Sl 17:7-9).

Senhor Deus, sinto-me como se o inimigo estivesse em meu encalço, como se tivesse tentado me cercar, vigiando para me derrubar. Ele é como um leão, ávido por sua presa; é como um grande felino que prepara a emboscada. Levanta-te, ó Senhor, e confronta-o. Destrua-o. Resgata-me da impiedade do inimigo (Sl 17:11-13).

Eu te amo, ó Senhor, minha força! Tu és minha Rocha, minha Fortaleza, meu Libertador. Tu, meu Deus, é o rochedo no qual eu posso me refugiar. Tu és como um escudo, a força de minha salvação, minha Fortaleza! Clamo por teu nome, ó Senhor, tu que és digno de receber louvor, e sou preservado do ataque de meus inimigos (Sl 18:1-3).

Senhor Deus, fui cercada por laços de morte. As torrentes da destruição me oprimiram. Fui amarrada em cordéis do inferno, e estou diante de tramas mortais. Nessa minha angústia, eu invoco teu nome, Senhor. Clamo a ti, meu Deus, por socorro. Sei que de teu templo tu ouves minha voz. Permita que meu clamor chegue a teus ouvidos (Sl 18:4-6).

Estende a tua mão desde os céus, meu Deus, meu Redentor, e segura a minha! Resgata-me das águas profundas. Livra-me de meu inimigo poderoso e daqueles que me aborrecem, pois são fortes demais! Meu inimigo me confrontou no dia de minha calamidade, mas tu, Senhor, és meu amparo. Leva-me a um lugar espaçoso; resgata-me, pois sei que sou motivo de alegria para ti (Sl 18:16-19).

Pule de alegria ao ouvir essa promessa! Creia nela. Permita que penetre em sua alma. "O Senhor liberta os encarcerados" (Sl 146:7). Ele veio para libertar você. Posso vislumbrar meu Mestre em vestes de seda. Seu semblante é jubiloso como os céus, sua face é brilhante como uma linda manhã e em sua mão segura uma chave de prata. "Aonde vais, meu Mestre, com esta chave de prata?", pergunto. Ele diz: "Vou libertar o cativo e todos que estão em escravidão". Mestre bendito, cumpre tua missão!

Charles Spurgeon, em *Spurgeon on Prayer and Spiritual Warfare*

Senhor amado, por favor, não me deixes cair em tentação, mas livra-me do inimigo (Mt 6:13).

Deus Pai, de acordo com tua Palavra, a perversidade aumentará conforme se aproxima o dia de teu retorno (Mt 24:12).

Prepara-me, por meio de oração e de tua Palavra, para que eu esteja firme quando o inimigo tentar me atacar.

Senhor Deus, se tu já deste a Satanás permissão para me peneirar como trigo, oro para que me ajudes a ser fiel a ti e sair do período de dificuldade com mais capacidade de fortalecer meus irmãos e minhas irmãs em Cristo (Lc 22:31).

Pai, ajuda-me a compreender que Satanás, o maior dos ladrões, vem apenas para roubar, matar e destruir, mas tu vieste para me dar vida em abundância (Jo 10:10).

Obrigado, Deus, porque tu conheces tuas ovelhas. Tu nos deste vida eterna, por isso jamais pereceremos. Ninguém pode nos tirar de tua mão (Jo 10:27-29).

Deus Pai, eu te agradeço porque estou em Cristo, e por isso Satanás não tem poder sobre mim (Jo 14:30).

Pai, de acordo com tua Palavra, passarei por dificuldades e tribulações enquanto estiver neste mundo, mas devo ter bom ânimo! Tu venceste o mundo (Jo 16:33).

Deus Pai, protege-me pelo poder que há em teu nome (Jo 17:11). A oração que teu Filho fez por mim foi para que eu não fosse tirado deste mundo, mas que tu me protegeste do inimigo (Jo 17:15).

Deus Pai, segundo tua Palavra, o Diabo é inimigo de tudo quanto é justo. Ele é cheio de truques e enganos, tentando perverter os caminhos retos do Senhor (At 13:10). Por favor, ajuda-me a não ser influenciado pelo inimigo em nenhuma hipótese.

Deus vitorioso, celebro o fato de que tu, o Deus da paz, logo esmagarás Satanás sob teus pés. Até lá, a graça de nosso Senhor Jesus está sobre nós (Rm 16:20).

Senhor, tua Palavra é clara quando diz que não há nenhuma forma de harmonizar teu Filho e o Diabo (2Co 6:15). Mantém minha mente alerta a qualquer possibilidade de, sem perceber, eu estar cooperando com alguma obra do inimigo.

Deus Pai, na condição de cônjuge, peço que tu me mantenhas em estado de alerta quanto às artimanhas do inimigo contra o casamento. Ajuda a mim e a meu cônjuge para que não privemos um ao outro de intimidade física, a não ser por consenso, e apenas por algum tempo, para que possamos nos dedicar à oração. Logo depois, devemos voltar a nos unir para que Satanás não nos tente (1Co 7:5).

Deus Pai, livra-me da boca do leão, assim como fizeste com o apóstolo Paulo. Resgata-me de todo ataque maligno e leva-me em segurança para teu reino celestial. A ti seja glória pelos séculos dos séculos, amém (2Tm 4:17-18).

Deus Pai, como te louvo porque teu Filho veio para destruir as obras do diabo. Quem é nascido de Deus não continua a pecar, pois a semente do Senhor está nessa pessoa. Não pode viver pecando porque é nascido de Deus (1Jo 3:8-9).

Senhor, tua Palavra me diz que não devo acreditar em todos os espíritos; é importante testá-los para ver se procedem de Deus, já que muitos falsos profetas estão soltos pelo mundo (1Jo 4:1). Pai, por favor, ensina-me a seguir essa orientação de forma precisa e eficiente. Obrigado por me garantir que, por ser tua filha querida, já venci todos os espíritos que não procedem de ti, Senhor. Aquele que está em mim é maior do que aquele que está no mundo (1Jo 4:4).

Meu Deus de fidelidade, ajuda-me a ter certeza absoluta de que sou um filho de Deus, pois todo o sistema do mundo está sob o controle do inimigo (1Jo 5:19).

> A autoridade espiritual não é um cabo-de-guerra no plano horizontal; trata-se de uma cadeia de comando vertical. Jesus Cristo tem toda a autoridade no céu e na terra (Mt 28:18). Ele está no topo, e deu sua autoridade e seu poder para seus servos, que devem exercê-los em seu nome (Lc 10:17). Estamos sob a autoridade de Cristo. E quanto a Satanás e seus demônios? Eles estão na base, sujeitos à autoridade de que Jesus nos investiu. Eles têm tanto direito de determinar sua vida quanto um simples soldado tem de mandar o general limpar o banheiro. Por que, então, o reino das trevas exerce uma influência tão negativa no mundo e na vida dos cristãos? A resposta pode ser resumida em uma palavra: mentira. Satanás não tem o mesmo poder de Deus; ele é um inimigo vencido. Mas se pode lhe convencer que tem mais poder e autoridade que você, então você viverá como quem acredita nisso!
>
> Neil Anderson, em *The Bondage Breaker*[2]

Deus Pai, ajuda-me a reconhecer e entender quando as acusações de Satanás se dirigirem a mim. Tua Palavra diz que ele acusa os cristãos noite e dia (Ap 12:10). Por favor, ajuda-me a discernir a diferença entre a convicção genuína do pecado, que o Espírito Santo nos dá, e as acusações falsas do reino das trevas.

Pai, tua Palavra me diz que o acusador dos que crêem já foi vencido por causa do sangue do Cordeiro e pela palavra do testemunho (Ap 12:11). Por favor, ajuda-me a usar o poder que me deste para vencer o inimigo quando ele batalhar contra mim.

[2] Eugene: Harvest House, 1990, p. 201 [Ed. bras.: *Quebrando correntes — como vencer a guerra espiritual.* 2ªed. São Paulo, Mundo Cristão, 2007].

Agora é a sua vez!

Talvez você não tenha encontrado neste livro a questão que mais a desafia. Um dos objetivos principais deste capítulo é torná-la capaz de lidar sozinha com seu principal obstáculo. Usando uma concordância bíblica, procure textos relacionados ao problema que a impede de ter uma vida abundante. Mesmo que você não encontre nas Escrituras algo exatamente relacionado com sua principal questão, com certeza conseguirá identificar textos que serão utéis para você lidar com seu problema.

Antes de tudo, peça a Deus para guiá-la (Sl 25:4-5) e abrir seus olhos para a Palavra (Sl 119:18). Depois, caso não esteja segura de como usar uma concordância ou outro recurso de sua Bíblia, peça ajuda a seu pastor, a uma amiga cristã ou a sua professora de escola bíblica. Assim que encontrar os textos que se aplicam a seu caso, reescreva-os como oração e comece a usá-los. Você será imensamente abençoada ao empreender buscas na Palavra de Deus e, no processo de pesquisa, achará tesouros que jamais imaginou descobrir.

O que você encontrará a seguir foi providenciado para ajudá-la a iniciar suas orações baseadas nas Escrituras. Medo e raiva são dificuldades comuns a muitas pessoas. Neste último capítulo, ofereço a você diversos versículos a elas relacionados. Se uma dessas questões a afeta, ou se você quer apenas praticar, leia os textos e reescreva-os como suas orações no espaço apropriado. Há também um lugar reservado para você colocar os textos bíblicos que encontrou por si mesma. No final do livro, você terá mais espaço para escrever suas orações baseadas nos temas que desejar.

Derrotando o medo

Salmos 27:1

Salmos 46:1-2

Salmos 56:3-4

Romanos 8:15

Salmos 34:4

Isaías 41:10

Isaías 41:13-14

Isaías 43:1-3

Hebreus 13:5-6

Provérbios 14:26

Sobre a autora

Beth Moore é autora de vários estudos bíblicos e livros que se tornaram sucessos de vendas nos Estados Unidos. No Brasil, estreou com o lançamento de *Liberte-se — Tornando a liberdade em Cristo uma realidade em sua vida* (Editora Bompastor). É também uma oradora extremamente requisitada, realizando palestras e seminários em várias cidades e encantando platéias com suas mensagens cheias de energia, paixão, humor, ternura e graça.

Em 1994, Moore fundou o Living Proof Ministries, cujo objetivo é ensinar às mulheres como viver de acordo com a Palavra de Deus, valendo-se para isso de literatura e audiovisuais de sólida base bíblica. Ela tem duas filhas e um neto. Vive em Houston, no Texas, onde integra o conselho da Primeira Igreja Batista e continua realizando seus famosos estudos bíblicos das noites de terça-feira para cristãos de todas as denominações e dando aulas na escola bíblica dominical.

Compartilhe suas impressões de leitura escrevendo para:
opiniao-do-leitor@mundocristao.com.br
Acesse nosso *blog*: www.mundocristao.com.br/blog

Diagramação: Sonia Peticov
Fonte: Arrus
Gráfica: Imprensa da Fé
Papel: Spbright 70/gm² (miolo)
Papel: Art Premium 250/gm² (capa)